Everglades

MIAMI
KEY WEST

REISEHANDBUCH

**Das komplette Reisehandbuch
von Ariane Martin**

W0178329

Verlag
Unterwegs

Impressum

Dies ist eine Originalausgabe der
Unterwegs Verlag GmbH
Werner-von-Siemens-Str. 22
D-78224 Singen
Tel. +49 (0) 7731 838-0
Fax +49 (0) 7731 838-19

info@unterwegs.com   www.reisefuehrer.com   www.unterwegs.com

Aktueller Text: Ariane Martin
Überarbeitung: Thomas Schlegel
Recherche: Manfred Klemann, Silke Mäder
Fotos: Ariane Martin, Manfred Klemann, www.shutterstock.com
Karten: stepmap.de
Herstellung/Layout: Sophia Schöffling

ISBN 978-3-86112-338-5

Haftungsausschluss

Alle in diesem Buch enthaltenen Angaben, Daten usw. wurden von den Autoren und dem Verlag nach bestem Willen erstellt und mit größter Sorgfalt überprüft. Gleichwohl sind inhaltliche Fehler nicht vollständig auszuschließen. Daher erfolgen die Angaben usw. ohne jegliche Verpflichtung oder Garantie des Verlages oder der Autoren. Beide übernehmen keinerlei Verantwortung und Haftung für etwaige inhaltliche Unrichtigkeiten.

Bibliografische Information der Deutschen Nationalbibliothek

Die Deutsche Nationalbibliothek verzeichnet diese Publikation in der Deutschen Nationalbibliografie; detaillierte bibliografische Daten sind im Internet über http://dnb.d-nb.de abrufbar.

Inhalt

Miami & Key West

Miami &
Key West

VORWORT

Miami und Key West, das sind zwei Orte, wie sie unterschiedlicher nicht sein könnten. Wer die beiden Städte auf seiner Reise kombinieren möchte, kann sich deshalb auf eine ungeheure Bandbreite von Möglichkeiten freuen. Egal ob Sie Erholung suchen oder Party pur, ob Sie am Strand Sport treiben oder sich am Pool bedienen lassen möchten. Ob Sie lieber in Flip-Flops in eine einfache Bar gehen und mit Einheimischen in Kontakt kommen oder in noblen Clubs neben prominenten Gästen die ganze Nacht durchtanzen möchten. Auf dieser Reise ist einfach alles möglich und es gibt nichts, was Sie NICHT tun können. Und das Schönste ist, dass Sie all dies bei stets angenehmen, tropischen Temperaturen erleben können, umgeben von einer herrlichen Natur und immer in der Nähe eines weißen von Palmen gesäumten Traumstrandes mit Blick auf das türkisfarbene Meer.

Eine bittere Pille ist da natürlich trotzdem zu schlucken und deshalb diese gleich vorneweg: Ein billiger Spaß wird das nicht. Zur Hauptsaison könnte die Reise eher so etwas wie ein finanzieller Supergau werden, zugegeben mit positiven Spätfolgen wie der Besitz mehrerer Designerjeans oder bergeweise Unterwäsche von Calvin Klein im Schrank. Für Shopping-Freunde sind die Staaten eben schon immer ein El Dorado gewesen und da empfiehlt es sich, vor dem Urlaub auf große Einkäufe zu verzichten und sich diesen Spaß ganz für den Urlaub aufzuheben. Ansonsten ist jedes Stück Pizza am Strand, das Hotelzimmer, jedes Abendessen, die Bootstouren und jeder Museums-Eintritt mit ziemlicher Sicherheit teurer als hierzulande. Das sollte man vor seiner Reise im Auge behalten. Denn seien wir mal ehrlich, es gibt doch nichts Schlimmeres, als auf Reisen jeden Cent umdrehen zu müssen. Da spart man lieber ein bisschen länger darauf hin und kann dann die Reise in vollen Zügen genießen.

Als ich das letzte Mal nach Miami gereist bin, war das vor etwas

Typisches Haus auf Key West

mehr als zwanzig Jahren, also zu einer Zeit, als Miami noch einer der Hauptumschlagplätze für das Kokain aus Südamerika war. Die mondänen Hochhäuser schossen damals nur so aus dem Boden und dank der boomenden Baubranche konnten die Drogenbosse problemlos Milliarden von Dollars rein waschen. Die damit einhergehende, ungeheuer große Kriminalitätsrate im Sonnenstaat Florida war damals ein riesiges Problem, und dass man damals als Tourist nach Sonnenuntergang noch sorglos durch Viertel wie Downtown Miami schlendern konnte, daran war gar nicht zu denken. Inzwischen sind die großen Kartelle Lateinamerikas zerschlagen und die Regierung Miamis hat die Kriminalität iin den Griff bekommen. Von dem schlechten Image, das Miami damals hatte, konnte es sich im Laufe der Jahre gänzlich befreien.

Obwohl ich zugeben muss, dass einige Ressentiments gegen die Vereinigten Staaten und explizit

Der bunt beleuchtete Oceandrive in der Abenddämmerung

gegen den aktuellen Regierungs-
chef mir die Vorfreude auf die
Reise ein wenig getrübt hatten.
Und dass es mich genervt hat,
als ich meinen elektronischen
Fingerabdruck abgeben musste,
und dass ich mir veralbert vor-
kam, als ich auf einem Formular
ankreuzen musste, ob ich in den
USA Waffen oder Drogen zu ver-
kaufen vorhatte oder mich einer
terroristischen, staatsfeindlichen
Organisation anschließen würde.
Aber die Erinnerung an die Mo-
jitos, die ich in Ernest Heming-
ways Stammbar auf Key West zu

grandioser Live-Musik getrunken
hatte, an die Bootstouren zu den
spektakulärsten Tauchspots der
Welt und an die leckeren Meeresfrüchte, die ich mit Blick auf
das helltürkis schimmernde Meer
genossen hatte, ließen mich diese Formalitäten stoisch erledi-
gen. Die Vorfreude auf diese Reise hatte schließlich gesiegt.
Vor zwanzig Jahren besorg-
te man sich nach seiner Lan-
dung am Flughafen erst einmal
ein Chrysler Cabriolet und fuhr
damit schnurstracks zum Oceandrive, DER Amüsiermeile von

Miami Beach. Man verabredete sich mit alten Bekannten im Hardrock-Café und genoss am Strand den Anblick der formvollendeten Bikini-Schönheiten und der durchtrainierten, männlichen Oberkörper. Es waren die Zeiten, in der junge Reisende noch ganz hinten im Raucherbereich des Flugzeugs die Nacht mit anderen gut gelaunten Passagieren verbrachten und die Stewardess so lange nach alkoholischen Getränken geschickt wurde, bis sie irgendwann mitsamt ihrem Wagen Teil der illustren Community wurde. Und es war die Zeit, da man noch Männer sah mit ihren edlen Reisetaschen aus Leder, die lässig an ihrer Schulter hingen. Da ahnte noch niemand, dass dieser attraktive Abenteurer-Typ, eine Mischung übrigens aus Liam Neeson und Crocodile Dundee, bald zu etwas weit weniger Attraktivem werden würde, denn die Reisetasche mit Patina wurde ausgetauscht gegen einen praktischen, schwarzen, wie ein polierter Affenpo glänzenden Plastikquader auf Rollen, den er an einer Plastikstange hinter sich

herzog und damit nicht nur jeden Anspruch auf Sexappeal verspielte, sondern sich zudem den Unmut der geräuschempfindlichen Mitbürger zuzog.

Als ich nun im Zuge der Recherche nach so vielen Jahren wieder nach Miami flog und diesmal vollkommen ausgeruht und ohne Kater dort ankam, nahm ich diese Stadt sofort als etwas im Umbruch Befindliches wahr. Da lag etwas Aufregendes in der Luft, etwas Fieberndes, Vibrierendes, das konnte ich deutlich spüren. Und schon nach einem Tag Aufenthalt war ich überzeugt davon, dass ich genau zur richtigen Zeit am richtigen Ort gelandet war. Miami war zu einer Kunst- und Kulturhauptstadt geworden und hatte sich zu der wahrscheinlich aufregendsten Stadt der Gegenwart gemausert.

Was mir zuerst aufgefallen ist, waren die vielen, blutjungen Menschen in den exquisiten Restaurants mit ihren politisch korrekten Speisekarten (vegan, vegetarisch, glutenfrei). Offenbar hatte sich in den Staaten ein ganz neues Bewusstsein für Qualität entwickelt und die Bereitschaft, dafür wieder Geld auszugeben. Und das in Zeiten von IKEA, RTL-II und Konsorten, das konnte nur ein gutes Zeichen sein, vielleicht würde ja doch noch alles gut werden! Statt des großen „G" für Gucci am Gürtel ist es den jungen Leuten heute wichtiger, ein „G" wie Gourmet oder noch besser, ein „G" für Genießer auf der Stirn geschrieben zu haben. Was für eine Wohltat, dies zu beobachten!

Interessant war allerdings, dass bei keinem meiner vielen Gespräche, die ich mit Einheimischen geführt habe, kein einziger zugeben wollte, bei der letzten Wahl seine Stimme für Trump abgegeben zu haben. Wo stecken nur diese Amerikaner, die Trump gewählt haben, fragte ich mich auf meiner Reise fortwährend.

Wie ich später heraus fand, hatte sich der Qualitätsanspruch der Leute simultan mit dem aufstrebenden Kunst- und Kulturmarkt der Stadt verändert. Gegenwärtig ist Miami tatsächlich DIE Topadresse für Kunstliebhaber und ein Anziehungspunkt für einige der besten Künstler der Welt. Für jeden Geschmack ist etwas dabei: angefangen von der anspruchsvollen Art Basel bis hin zur Graffiti-Kunst in dem lebendigen Wynwood-Viertel.

Auch die Kluft von den aus Kuba geflüchteten Latinos und den Weißen der Stadt ist längst kein Thema mehr, denn die Kulturen haben sich verwoben und etwas gesundes Neues ist entstanden. Das Havanna-Viertel und die unzähligen großartigen Restaurants mit ihrer Crossover-Küche sind heute aus der Stadt nicht mehr wegzudenken.

Zwar geht man am Wochenende immer noch zu den Miami Heats oder zu anderen Sportveranstaltungen und schlägt sich den Bauch mit Fastfood und am liebsten mit käseüberzogenen Tacos voll, doch beim nächsten Mal widmet man sich wieder bourgeoisen Betätigungen wie ins Museum zu gehen oder im Park mit den Kids an Yoga-Stunden teilzunehmen. Die Prioritäten der Menschen haben sich durch und durch positiv verändert. Früher waren es nur die Reichen, die ihre Kinder auf gute Schulen schicken konnten. Heute geben selbst die Mittelständler alles dafür und selbst wenn der Vater nochmal ein Jahr länger mit der Rostlaube herum fahren muss. Wenn es irgendwie geht, wird es gemacht.

Der Rhythmus der Stadt reißt einen sofort mit. Auch Trump zählt da nicht mehr, er ist praktisch schon Vergangenheit, und alles was danach kommt, ist besser. Die Stadt eilt unserer Zeit voraus, die Menschen sind mutig, voller Kraft und Optimismus. Die Zäsur, die man nach der letzten Wahl so gefürchtet hat, ist tatsächlich da. Aber nicht durch die Regierung, sondern von unten kommend, von den Leuten. Wenn Sie mich fragen: Die Zukunft liegt wieder rosiger vor uns. Die jungen Menschen werden freier aufwachsen und die richtigen Prioritäten setzen.

God bless America!

Hinweis zur Aufteilung des Buches:

Das Buch ist in drei Teile aufgeteilt. Im ersten Teil geht es ausschließlich um Miami, im zweiten Teil um beide Städte, sprich Miami und Key West, und um die Highlights der weiteren Keys, die man auf der Fahrt von Miami nach Key West passiert. Der dritte Teil schließlich widmet sich der kleinen Insel Key West. Aufgrund dieser Untergliederung befinden sich die wissenswerten Reisetipps auch diesmal in der Mitte des Buches und nicht wie sonst ganz vorne oder ganz hinten. Über Anregungen, Kommentare, positive sowie negative Kritik freue ich mich immer sehr. Wenden Sie sich entweder an den Verlag oder schreiben Sie mir direkt:

arianemartin@web.de

Sofern es möglich ist, werde ich die Hinweise, Geheimtipps und Kritiken in der nächsten Auflage des Buches berücksichtigen.

Miami

Miami

Miami Beach Legende zum Stadtplan auf den nächsten Seiten

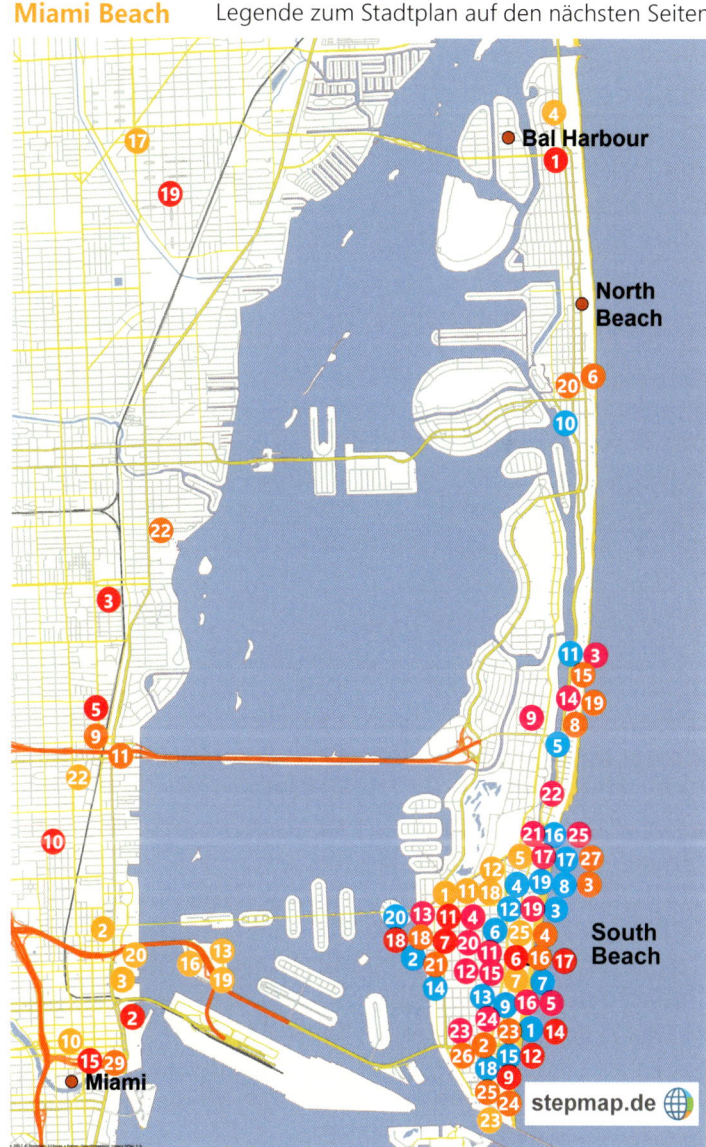

LEGENDE ZUM STADTPLAN

Sehenswertes

Übernachten

Nachtleben

Essen & Trinken

Shopping

Nicht aufgeführte Orte liegen außerhalb des Stadtplans

DIE GESCHICHTE IN KÜRZE

An den Ufern des Miami Rivers siedelten vor etwa 10.000 Jahren die Tequesta-Indianer. Um 1500 n. Chr. kamen die ersten Europäer aus Spanien an die Biscayne Bay und in den weiteren 300 Jahren folgten Migranten aus den Bahamas und Großbritannien.

Als die Vereinigten Staaten zu Beginn des 19. Jahrhunderts in den Besitz von Florida kamen, entwickelte sich schnell eine Infrastruktur und auch Key West wuchs dank der guten Lage und dem Anschluss an einträgliche Handelsrouten zu einem begehrten Gebiet heran. Als dann der Eisenbahn-Magnat Henry Flagler der Stadt Miami vor über hundert Jahren endlich die lang ersehnte Anbindung an das Eisenbahn-Netz bescherte, war die Zukunft der aufstrebenden Städte in Florida gesichert.

Damit sich die neuen Siedler ausbreiten konnten, wurden die Ureinwohner kurzerhand umgesiedelt. Dass dies nicht ohne Blutvergießen vonstatten ging, versteht sich von selbst. Unzählige widerständige Mitglieder des Stammes der Seminolen fielen diesen Kämpfen zum Opfer.

Im Miami scherte sich in den 1920er Jahren kaum einer um die Prohibition und auch das Glücksspiel war erlaubt. Kein Wunder, dass es Tausende von Amerikanern in den Süden zog, was einen ungeheuren Bauboom auslöste. Die touristischen Hochburgen wuchsen genauso wie die wirtschaftlichen Zentren und in Miami schossen die Wolkenkratzer wie Pilze aus dem Boden. Auch Al Capone, dem das Pflaster in Chicago längst zu heiß geworden war, erwählte Miami zur Wahlheimat.

Ein weiterer Faktor für das schnelle Wachstum der Bevölkerung war dem Bestreben der Regierung geschuldet, in dem sonnenverwöhnten Staat mehrere Militärbasen und Ausbildungszentren zu errichten. Nach dem Zweiten Weltkrieg hatte es sich dann auch bei den Mafiosi des Landes herumgesprochen, dass die Lebens-

Die Skyline von Miami in der Abenddämmerung

qualität in Florida dank des milden Klimas deutlich höher war als andernorts. Und dank Fidel Castro, der 1959 die Macht übernahm, wurde Florida schließlich zum Ziel Tausender kubanischer Flüchtlinge. Allein 1965 waren es 100.000 Menschen, die in Miami Zuflucht suchten, in den folgenden Jahren kamen immer mehr dazu und so etablierte sich der Stadtteil Little Havanna zu einer nicht mehr wegzudenkenden Größe und bescherte der Stadt dieses für Miami so einzigartige lateinamerikanische Ambiente. Mittlerweile überwiegt der Anteil der lateinamerikanischen Bevölkerung sogar und zu seinen Bewohnern zählen nicht nur Kubaner, sondern auch Immigranten aus anderen Teilen Südamerikas wie Kolumbien, Puerto Rico, Mexiko, Venezuela und Argentinien.

In den 1980er Jahren wurde die Entwicklung Miamis größtenteils vom Drogenhandel bestimmt. Die Stadt wurde zu einem der größten Umschlagplätze für das Kokain aus Südamerika. Der Bauboom machte es den Drogenbaronen leicht, in kurzer Zeit Milliarden von US-Dollars zu waschen.

Mondäne Anwesen entstanden, luxuriöse Nachtclubs und noch mehr Wolkenkratzer, die bis heute Miamis Skyline prägen. Zur gleichen Zeit wuchs natürlich die Zahl der Gewaltverbrechen, was jedoch nichts daran änderte, dass jeder einigermaßen betuchte Amerikaner sich Florida als Alterssitz erträumte und viele seriöse Geschäftsleute ihr Glück in dem subtropischen Paradies suchten. Ein ziemlich realistisches Bild jener Zeit – gerade was die Entwicklung des Drogenhandels und der Kriminalität betraf – lieferte die Fernsehserie Miami-Vice, die zu den populärsten Fernsehserien der 80er Jahre avancierte und die Situation vor Ort praktisch eins zu eins spiegelt.

Als schließlich in den 1990er Jahren die großen Drogenkartelle Lateinamerikas zerschlagen wurden und der Staat drastisch gegen die Kriminalität vorzugehen begann, sank die Verbrechensrate rapide und auch der Drogenimport ging rasant zurück. Seitdem expandiert die Stadt immer weiter und auch heute ist wieder ein enormer Bauboom zu verzeichnen, weil immer mehr Superstars und reiche Geschäftsleute komfortable Anwesen in dem tropischen Paradies erwerben möchten.

In Downtown entstanden die Szeneviertel Wynwood und der Design District. Dank der Kunstmesse Art Miami, die seit 2002 jährlich im Midtown Wynwood Arts District stattfindet, entwickelt sich Miami zusehends zum größten kulturellen Zentrum des Landes.

DIE SCHÖNSTEN VIERTEL MIAMI´S

Das Art-Déco-Viertel ist eines der größten Art-Déco-Areale weltweit und unbedingt sehenswert. Am besten unternimmt man eine geführte Tour durch die Umgebung, dann erfährt man allerhand Anekdoten über das Leben und Leiden der Stars und Sternchen. Schließlich wollte man schon immer mal wissen, wo genau Gianni Versace umgebracht wurde oder Al Capone seine berühmt-berüchtigten Partys feierte. Die etwa 90-minütigen Spaziergänge starten täglich um 10.30 Uhr, donnerstags außerdem um 18.30 Uhr am Art Déco Welcome Center an der Ecke Ocean Drive/10th Street.

Coral Gables

Praktisch eine eigene Stadt in der Stadt ist dieses Viertel der Reichen und Schönen, das in den goldenen Zwanzigern von George Merrick entworfen wurde. Der Ästhet und seine kunstsinnige Frau erträumten sich eine elegante und ganz vom Geist der Kunst durchdrungene Stadt nach dem Vorbild der europäischen Städte. Würden sie noch leben, sie wären begeistert, wie sehr sich dieser Traum erfüllt hat, denn nicht umsonst wird Coral Gables heute „City Beautiful" genannt. Wer einen Eindruck vom Lebensstil der wohlhabenden Leute gewinnen möchte, der sollte sich einmal das Haus ansehen, in dem Georges Vater Salomon aufgewachsen ist.

Am schönsten in Coral Gables: das Biltmore Hotel und der Venetian Pool!

Coral Gables Merrick House
907 Coral Way
Tel. 305 460 5361
www.coralgables.com
Mi. und So. 13–16 Uhr

Coconut Grove und Umgebung

Coconut Grove besteht bereits seit 1750 und ist damit die älteste Gemeinde in Miami. Das Zentrum liegt an der Kreuzung Grand Avenue, McFarlane und Main Highway. Während das Viertel, das sich ein ganz eigenes, gemütliches Kleinstadtambiente bewahrt hat, in den 1960er Jahren ein beliebter Treff von Hippies und Aussteigern war, avancierte es in den Jahrzehnten danach immer mehr zu einem schicken Einkaufs- und Amüsierviertel mit etlichen kleinen Geschäften, Bars und Restaurants.

Downtown

Die Innenstadt besteht aus den Stadtteilen Central Business District (CBD), Park West, Omni, Brickell, Virginia Key, Watson Island, PortMiami und Downtown. In letzteren befinden sich heute viele Museen, Parks, Theater und vor allem Geschäfte. Auch die ältesten Gebäude stehen in Downtown Miami. Die Haupt-

straßen Flagler Street und die Miami Avenue teilen die Stadt in ihre Viertel.

Little Havana

Die Nähe zu Kuba ist in Miami überall spürbar und am intensivsten natürlich in dem Viertel „Little Havana", das sich die kubanischen Einwanderer zu eigen gemacht haben. Im Domino-Park kann man den hitzigen Gemütern beim Domino-Spielen zuschauen, was wirklich witzig ist. Selten hat man Leute gesehen, die so einfallsreich sind, wenn es darum geht, die gegnerischen Spieler einzuschüchtern, zu veräppeln oder anzufeuern. Abkühlen kann man sich gegenüber in der Eisdiele Azucar, die köstliches Eis

aus eigener Herstellung anbietet. Sehenswürdigkeiten sind die berühmte Calle Ocho (SW 8th Street/Tamiami Trail), der Walk of Fame, der Cuban Memorial Boulevard und die Plaza de la Cubanidad. Außerdem, wie schon erwähnt, der Domino Park, das Tower Theater und der José Marti Park.

Little Haiti

Während sich früher nur wenige Touristen aufgrund seines kriminellen Rufes in das Haiti-Viertel verirrten, gehört ein Bummel durch das exotische Viertel heute schon fast zum Pflichtprogramm. Das Herz von Little Haiti liegt an der NE 54th-Street zwischen NE Second und Miami Avenue. In dem blühenden Viertel etablieren sich immer mehr junge Künstler, Vertreter der Indie Musik und tolle Restaurants. Glamourös wie in anderen Stadtteilen Miamis geht es hier natürlich nicht zu, aber das Viertel hat durchaus seinen ganz eigenen Charme. Wer auf der Suche nach neuer Musik ist, kann hier stundenlang in CD-Läden stöbern oder die berühmten Voodoo-Läden besuchen, in denen man allerhand Kuriositäten erwerben kann.

Wynwood-Streetart-Viertel

Dieses aufstrebende Viertel sollte man ebenfalls gesehen haben, denn es verfügt über eine ganze Reihe von beeindruckenden Graffiti-Werken.

Panorama von Downtown Miami

SEHENSWERTES

1111 – das weltweit schönste Parkhaus

Nicht zu glauben, aber in Miami kümmert man sich sogar um die ästhetische Wirkung seiner Parkhäuser. So wurde beispielsweise das Parkhaus 1111 von dem renommierten Architektenduo Herzog & de Meuron entworfen. Das 65 Mio. Euro teure Gebäude ähnelt einem fragilen Kartenhaus, die Seiten sind geöffnet. Neben den Parkplätzen bietet das Haus ein Penthouse, Läden im Erdgeschoss sowie Restaurants, Bars und Veranstaltungsflächen.

Parkhaus 111
1111 Lincoln Road
Tel. 305 538 9320

Adrienne Arsht Center for the Performing Arts

Zu den wichtigsten kulturellen Einrichtungen der Stadt zählt das weithin sichtbare, von dem Architekten Cecar Pelli entworfene Zukunftsgebäude, in dem im Wechsel Tanzperformances, Theatervorstellungen und Mu-sikaufführungen stattfinden. In der Vergangenheit bemühte sich die Leitung, immer auch kindgerechte Stücke mit im Programm zu haben, es lohnt sich also, sich den aktuellen Veranstaltungskalender einmal anzusehen. Und schämen Sie sich bloß nicht dafür, wenn Sie den Namen „Adrienne Arsht" noch nie gehört haben, Sie stehen mit dieser Wissenslücke nicht alleine da. Die Dame hat sich in den Staaten weniger mit ihrer Tätigkeit als erfolgreiche Geschäftsfrau als vielmehr mit einer unglaublichen Spende von 30 Millionen Dollar hervorgetan, die sie in die Realisierung des Kulturzentrums steckte.

Adrienne Arsht Center
1300 Biscayne Blvd
Tel. 305 949 6722

American Airline Arena

Wer beim Landeanflug darauf achtet, entdeckt sicher das überdimensionale Flugzeug, das man auf das Dach der American Airlines Arena gemalt hat. Sportbegeisterte sollten es sich nicht nehmen lassen, wenigstens einmal

Eingang der American Airline Arena

live bei einem NBA-Basketball-spiel gewesen zu sein, allerdings muss man sich um ein Ticket beizeiten kümmern, da die Spiele fast immer ausverkauft sind.

Ancient Spanish Monastery

Dass so mancher geschichtsbeflissene Amerikaner neidvoll auf die historischen Gebäude Europas schielt, kann man durchaus nachvollziehen. Warum nicht einfach einen 700 Jahre alten Kreuzgang eines Klosters in Spanien abbauen und in den Staaten wieder aufbauen, hat sich Medienzar William Randolph Hearst wohl gedacht. Er gab das Wahnsinnsprojekt 1925 in Auftrag und ließ tatsächlich einen Teil des Zisterzienser-Klosters Sacramenia im Nordosten der Provinz Segovia abbauen und seine Einzelteile in 11.000 nummerierten, mit Stroh ausgekleideten Kisten nach New York verschiffen. Aus Angst, das Stroh sei mit dem Virus der Maul- und Klauenseuche kontaminiert, hatten die Zollbeamten nichts Besseres zu tun, als diese 11.000 Kisten zu öffnen, das Stroh zu entsorgen und ein heilloses Durcheinander unter den Steinen anzurichten. Ganze

26 Jahre lagerte daraufhin das überdimensionale Stein-Puzzle in einem Speicherhaus in Brooklyn, bis neue Besitzer den traumhaft schönen Kreuzgang in Miami als Touristenattraktion wieder zusammensetzen ließen. Das älteste, im frühgotischen und romanischen Stil gehaltene Klostergebäude ist jetzt das älteste Gebäude der Vereinigten Staaten, das sich mittlerweile im Besitz der Episkopalkirche befindet, dient heute vielen Brautpaaren als Kulisse für romantische Hochzeitsfeiern.

Ancient Spanish Monastery
16711 W. Dixie Hwy
www.spanish-monstery.com

Bal Harbour

Wer auf Promijagd ist, sollte sich einmal in Bal Harbour umschauen, wo die Dichte der Reichen und Schönen am größten ist und die Leute mit ihren Bentleys und Ferraris zum Einkaufen fahren. Der lange Sandstrand von Bal Harbour ist ein Traum. Neben mondänen Hotels und protzigen Luxusvillen befindet sich hier auch die Shopping Mall „Bal Harbour Shops", wo man vor allem teure Designerlabels findet wie Bulgari, Cartier, Chanel, Dolce & Gabbana, Dior, Armani, Escada, Prada, Valentino und Versace.

Bal Harbour Shops
9700 Collins Avenue
Mo.–Sa. 10–21 Uhr,
So. 12–18 Uhr

Bass Museum of Art

Schon die drei Reliefs von Gustav Bohland über dem Museums-Eingang sind einen genauen Blick wert. In der Mitte erkennt man einen Pelikan vor einer Art-déco-Kulisse mit Palmen, Mangroven und dem Meer. Neben Werken alter Meister (z.B. von Rubens oder Albrecht Dürer) beherbergt das Museum eine interessante Sammlung sakraler Objekte und riesige, imposante, flämische Gobelins aus dem 16. Jahrhundert. Außerdem gibt es hier die einzige Mumie zu sehen, die Florida zu bieten hat.

**Bass Museum of Art
2100 Collins Ave
zwischen 21st and 22nd
Streets
Tel. 305 673 7530
Di.–Sa. 10–17 Uhr,
So. 11–17 Uhr**

Biltmore Hotel

Vom Glanz und Luxusleben der Reichen in den 20er Jahren des letzten Jahrhunderts zeugt das 1926 erbaute Biltmore Hotel. Berühmtheit hat dieses Gebäude vor allem wegen seines Turmes erlangt, der dem Giralda-Turm in Sevilla nachempfunden wurde. Viele reiche und berühmte Persönlichkeiten waren hier schon zu Gast, Al Capone unterhielt sogar einen Spielsalon in den vornehmen Räumen – einen illegalen natürlich, was sonst, Während des Zweiten Weltkrieges war in dem pompösen Gebäude ein Lazarett untergebracht und noch bis 1968 diente es als Veteranen-Hospital. Schließlich hat sich ein Investor gefunden, der die Villa für 55 Mio. Dollar komplett renoviert hat, seitdem sind seine Pforten wieder für das breite Publikum geöffnet. Wer nicht zu den Glücklichen gehört, die sich hier ein Zimmer leisten können,

Ein luxuriöses Vergnügen: das Biltmore Hotel

sollte trotzdem einmal vorbei schauen, um beispielsweise die herrliche Poolanlage zu nutzen, sie ist die größte in ganz Miami. Golfspieler dürfen sich über einen von Donald Ross entworfenen Golfplatz freuen, außerdem sind Tennisplätze vorhanden und am Strand kann man sich private Hütten mieten. Ein europäisches Spa und ein renommiertes Fitnesscenter runden das Angebot eines Hotels ab, das zu den „Leading Hotels of the World" gehört.

Biltmore Hotel
1200 Anastasia Ave
Coral Gables
Tel. 855 311 6903

Casa Casuarina

Traurige Berühmtheit hat die traumhafte Villa erlangt, als ihr Besitzer, der Modedesigner Gianni Versace, vor ihrem Eingang auf den Treppenstufen erschossen wurde. Zunächst wurde die Villa in ein exklusives Hotel verwandelt und deren Schönheit war nur ihren betuchten Gästen vorbehalten. Mittlerweile kann man Haus und Grundstück besichtigen, ein Tourguide führt durch die zehn Luxussuiten, die alle noch von Versace entworfen wurden.

Casa Casuarina
1116 Ocean Drive
Tel. 305 672 6604

Coral Castle

Man sagt, eine Frau habe ihm das Herz gebrochen und daraufhin habe sich der lettische Einwanderer Ed Leedskalmin ganz dem Bau dieses skurrilen Denkmals verschrieben. Kaum zu glauben, dass ein einziger Mensch dieses Wunderwerk alleine vollbracht haben soll! Etwa 1100 Tonnen Korallen hat der nur 1,60 Meter große Edward im Laufe von 29 Jahren hierher transportiert und zu Skulpturen, Mauern und Möbeln zusammengebaut.

Coral Castle
Dixie Highway Homestead
Tel. 305 248 6345
www.coralcastle
So.–Do. 8–18 Uhr,
Fr./Sa. 8–20 Uhr

*Der Fairchild Tropical Botanic Garden
bietet eine Vielzahl an tropischen Pflanzen*

Fairchild Tropical Botanic Garden

Ein Ort, der das Herz von Blumenliebhabern höher schlagen lässt. Die riesige Anlage mit ihren traumhaften Orchideen, Farnen, blühenden Bäumen und Seerosenteichen ist eines der weltweit führenden Zentren für Pflanzenforschung. Perfekt übrigens für ein erholsames Naturerlebnis nach einer durchtanzten Nacht!

**Fairchild Tropical Botanic Garden
10901 Old Cutler Rd
Tel. 305 667 1651**

Fantasy Theatre Factory

Die weltweit für ihre experimentellen Theateraufführungen berühmte Theatergruppe hat immer mal was Neues im Programm. Und das nicht nur für erwachsene, sondern auch für Kinder. Den aktuellen Plan kriegt man übers Internet, dort kann man auch gleich Karten bestellen.

**Fantasy Theatre Factory
6101 NW 7th Ave Suite 79
Tel. 305 284 8800
www. ftfshows.com**

35

*Mediterraner Baustil mitten in Miami:
der Freedom Tower*

Freedom Tower

Bis zum Bau der Wolkenkratzer war dieser Turm, der an die kubanischen Immigranten erinnern soll, das höchste Gebäude der Stadt. Der 78 Meter hohe, im mediterranen Stil erbaute Turm war das Hauptquartier der Zeitung Miami News & Metropolis, später diente er als Auffanglager für geflüchtete Kubaner. Heute beherbergt das Gebäude ein Museum und eine Kunstgalerie mit wechselnden Ausstellungen.

Freedom Tower
600 Biscayne Blvd

Gold Coast Railroad Museum

Zu bestaunen gibt es hier eine tolle Sammlung von Lokomotiven und luxuriösen Schlafwagen aus der Zeit, als Eisenbahnfahren noch etwas ganz Besonderes war. Highlight der Ausstellung ist der eigens für Präsident Roosevelt ausgestattete und mit den damals höchstmöglichen Sicherheitsvorkehrungen versehene Schlafwagen „Ferdinand Magellan". Mehr als 80.000 Kilometer legte der gehbehinderte Präsident in diesem komfortablen Wagen zurück, der noch diversen anderen Präsidenten dienlich war, bis das Bahnreisen zumindest für Präsidenten von den schnelleren Flugzeugen überholt wurde.

Gold Coast Railroad Museum
152nd St
Tel. 305 253 0062

History Miami

Ein tolles Museum für die ganze Familie, das Einblicke zur Geschichte und Kultur der Stadt gibt. Vor allem für Kinder sind die interaktiven Elemente wie eine historische Straßenbahn und ein nachgebautes Siedlerhaus interessant. Jeden zweiten Samstag im Monat lädt das Museum von 13 bis 16 Uhr alle Eltern, Großeltern und Kinder zu einem Family Fun Day mit kunsthandwerklichen Aktivitäten, Museumstouren und tollen Live-Auftritten ein.

History Miami
Flagler St,
Tel. 305 375 1492

Hofbräu Beerhall

Kaum vorzustellen, aber es soll durchaus Landsleute geben, die in ihren Ferien nicht auf Brezen, Weißwürste und gutes, deutsches Bier verzichten möchten (d.h., bei den Bayern kann man sich das durchaus vorstellen). Klar, dass hier im Herbst das Oktoberfest stattfindet – bei warmen 30 Grad Celsius, da schmeckt das kühle Blonde umso besser.

Hofbräu Beerhall
943 Lincoln Rd

Holocaust-Memorial

Ein solches Mahnmal lob ich mir, denn nicht unpersönliche Stelen erinnern hier an die Schrecken des Holocausts, sondern eindringliche Skulpturen gequälter Menschen und eine durchdachte, atemberaubende Architektur, die den Besucher zum Nachdenken und Mitfühlen anregt. Manche mögen es plakativ finden, dass sich eine Bronzehand 13 Meter gen Himmel streckt, auf der nicht nur eine Häftlingsnummer zu sehen ist, sondern etwa

hundert gepeinigte, dem Tode geweihte Menschen. Ein großartiges Mahnmal, das beispielgebend sein sollte in einer Zeit, da Geschichte immer mehr zur Abstraktion wird und bald keine Zeitzeugen mehr von den Gräueln mehr berichten können.

Holocaust-Memorial
1933-45 Meridian Ave
zw. 19th St und Dade Blved
Tel. 305 538 1663
www.holocaust
memorialmiamibeach.org

Jungle Island

Auf dem modern gestalteten Areal werden interessante Tiershows geboten, die das Wissen auch kleineren Kindern auf spielerische Art und Weise näher bringen. Sie heißen „Winged Wonders", „Wild Encounter" und „Dr. Wasabi's Wild Adventure". Auch gibt es einen über einenhalb Kilometer langen, grandios gestalteten Naturpfad und zahlreiche Tiere wie beispielsweise Aras in allen Regenbogenfarben, Flamingos und Löwen, Tiger, Orang-Utans und Paviane zu se-

Farbenfrohe Aras im Jungle Island Park

hen. Vom Streichelzoo dürften die Kids begeistert sein.

Jungle Island
1111 Parrot Jungle Trail
Tel. 305 400 7000

Lowe Art Museum

Auf dem Gelände der University of Miami befindet sich das erste Kunstmuseum Südfloridas. Man sollte sich Zeit nehmen für die beeindruckende Kunstausstellung, denn das Angebot ist be-

achtlich. Kenner der „Alten Meister" halten dieses Museum für das beeindruckendste der ganzen Stadt. Neben den Werken aus Epochen wie der Renaissance und des Barock gibt es neben zeitgenössischen Installationen auch präkolumbianische, asiatische und afrikanische Werke zu bestaunen.

Lowe Art Museum
Coral Gables, 1301 Stanford Dr
Tel. 305 284 3535

Matheson Hammock Park – TIPP für KIDS & Fotografen

Da kann man es gut in einer so großen Stadt aushalten, wenn seinen Bewohnern soviel gepflegtes Grün geboten wird wie in Miami. Etliche, teilweise überdachte Grillplätze, ein tolles Korallenstein-Lokal, eine künstliche Badelagune und Naturpfade durch einen Mangrovensumpf erfreuen die Besucher und allen voran Nichtschwimmer und Kinder, die hier einen besonders seichten Badestrand vorfinden (Parkplatz 5 US$) Ein asphaltierter Weg bietet unzählige Bänke, auf denen man die traumhafte Aussicht auf die Biscayne Bay genießen kann. Kein Wunder, dass dies einer der beliebtesten Spots für Hobbyfotografen ist, vor allem zur Abenddämmerung.

Matheson Hammock Park
9810 Old Cutler Rd
Tel. 305 665 5475

Metro-Dade Cultural Center

Das Museum befindet sich im ältesten Teil von Downtown und wurde um eine weitläufige, spanisch inspirierte Plaza herum angelegt. Zu finden ist hier die Public Library, das Historical Museum of Southern Florida und das Miami Art Museum, das Kunstwerke aus dem 20 Jahrhundert zur Schau stellt.

Metro-Dade Cultural Center
101 Flagler St
www.miamiartmuseum.org

Miami Children´s Museum – TIPP für Familien an Regentagen

„Eltern sind auch nur Kinder", denkt man spontan, wenn man sich die Szenerien in dem großen Gebäude anschaut. Da hängen völlig entnervte Kinder an den Ellbogen ihrer Eltern, die gerade konzentriert dabei sind, ihre Geschicklichkeit unter Beweis zu stellen. „Ich will auch mal, ach bitte", rufen die quengelnden Kids, aber nix da. „Lass mich nur mal ganz kurz ...", so betteln die Eltern zurück und denken nicht im Traum dran, das gerade so faszinierende Steuer- oder Spielgerät wieder aus der Hand zu geben. Ein bisschen erinnert das

Museum an einen gigantischen Indoorspielplatz, und wenn es überhaupt etwas zu meckern gäbe, dann mit Sicherheit die drei negativen Dinge, die mit Indoorspielplätzen in der Regel einhergehen: Eine nervtötende Akustik, denkbar schlechte Luft und „Plastic fantastic", soweit das Auge reicht. Trotzdem: Das Kindermuseum ist ein grandioser Ort und wird im Gedächtnis der Kinder mit Sicherheit als konkurrenzloser Höhepunkt ihrer Floridareise bleiben.

**Miami Children´s Museum
980 Macarthur Cswy
Tel. 305 373 5437
täglich 10–18 Uhr**

Miami Seaquarium

Zu den bekanntesten Attraktionen der Stadt gehört das Seaquarium, in dem teilweise Szenen der beliebten Kinderserie „Flipper" gedreht wurden. Ein Highlight für größere Kinder und Erwachsene sind das Schwimmen mit Delfinen oder die Show, in der die imposanten Orcas zu sehen sind. Neben Seekühen und Seelöwen leben hier auch Haie, Killerwale, Delfine und Alligatoren.

**Miami Seaquarium
4400 Rickenbacker Causeway
www.miamiseaquarium.com
täglich 9.30–18 Uhr**

Miami Zoo

Der größte Zoo Floridas befindet sich im Südwesten Miamis und beherbergt rund 2000 Tiere. Hauptattraktionen sind die Bengalischen Tiger, die lustigen Tier-Shows im Amphitheater und die Giraffen-Fütterungs-Station, bei der die Besucher den Tieren ganz nahe kommen können. Auch Schimpansen, Elefanten und Nashörner begeistern die Zoo-Freunde. In einem liebevoll gestalteten Streichelzoo ist Füttern nicht nur erlaubt, sondern ausdrücklich erwünscht. Die Kleinen lieben es!

Schlauer geht es nicht. Jeden Samstag lässt der Zoo angemeldete Besucher bei der Stallarbeit und beim Füttern der Elefanten helfen und kassiert dafür von jedem Freizeit-Pfleger 150

US-Dollar. Im Preis inbegriffen: ein T-Shirt und ein Mittagessen, wow!

Miami Zoo
12400 SW 152nd St

Monkey Jungle – TIPP für Kids

Warum nicht mal die Besucher in Käfige sperren und die Tiere frei herumlaufen lassen, haben sich die Erbauer dieses ungewöhnlichen Affenzoos wohl gedacht. In dem zwölf Hektar großen Dschungel kommt man ziemlich nahe an die Primaten heran. Zu sehen sind vor allem Orang-Utans, Makaken, Schimpansen und Paviane. Besonders für Kinder ein tolles Erlebnis!

Monkey Jungle
216th St/Hainlin Mill
Tel. 305 235 1611

Museum of Contemporary Art (MOCA)

Erklärtes Ziel des Museums ist es, die Kunst der Gegenwart so vielen Menschen wie möglich nahe zu bringen. Hier sind echte Über-zeugungstäter am Werk und sie geben wirklich alles, um das Interesse der Menschen für Kunst und Kultur zu wecken. Neben der permanenten Sammlung finden regelmäßig Sonderausstellungen und spannende Events statt.

Museum of Contemporary Art
Joan Lehman Building
770 NE 125th St
Tel. 305 893 621

New World Center

Hier kann man Konzerten des berühmten New World Sinfonie Orchesters lauschen, die Akustik soll unschlagbar sein! Wer kein Geld für die Eintrittskarte hat, kann die Musik in einem palmengesäumten Park vor der Halle genießen, denn alles, was sich künstlerisch im Innenraum abspielt, wird auf eine 600 qm große Leinwand an der Außenfassade übertragen. Eine durch und durch nachahmenswerte Idee!

New World Center
500 17th Street
Tel. 305 673 331
www.nws.edu

Parrot Jungle

Über 1100 Vögel bevölkern den schönen Papageien-Dschungel, in dem man hautnah gefährliche Reptilien und bizarre Insekten erleben und natürlich versuchen kann, mit den gesprächigen Kakadus Konversation zu betreiben. Kinder lieben die Vogel-Shows, in denen einige gefiederte Freunde als Rollschuhfahrer auftreten. Besonders süß: die Orang-Utan-Babys, wenn es gerade welche gibt.

Parrot Jungle
Watson Island
Tel. 305 666 7834
www.parrotjungle.com

Pérez Art Museum

Das von Herzog & de Meuron entworfene Pérez Art Museum Miami (PAMM) zählt mittlerweile zu den neuen Wahrzeichen der Stadt. Von hier aus hat man einen traumhaften Blick auf die Biscayne Bay. Das Museum beeindruckt mit seinen hängenden Gärten und großzügigen Rundumterrassen und präsentiert auf einer Fläche von 18.580 Quadratmetern hochkarätige Ausstellungen moderner und zeitgenössischer Kunst. Die Sammlungsgebiete umfassen Werke aus Nord- und Südamerika, Westeuropa und Afrika.
Jeden zweiten Samstagnachmittag lädt das Museum Familien mit Kindern zu kunsthandwerklichen Aktionen ein. Der Eintritt ist an diesem Tag frei und auch an jedem ersten Donnerstag im Monat ist der Eintritt für alle Besucher kostenlos.

Pérez Art Museum
1103 Biscayne Blvd
www.pamm.org

Phillip and Patricia Frost Museum of Science

Im Mai 2017 feierte das zuvor in Coconut Grove beheimatete Wissenschaftsmuseum nach mehr als fünf Jahren Bauzeit die lang ersehnte Wiedereröffnung in Downtown. Zu den Highlights des Museums gehört die Schau „Feathers to the Stars", die die Geschichte des Fliegens von der Evolution der Flügel bis hin zu von Menschen konstruierten

Flugobjekten erzählt. Unter den Exponaten befindet sich auch die lebensgroße Nachbildung eines über neun Meter großen Yutyrannus, der größten bislang bekannten gefiederten Dinosauriergattung. Beeindruckend ist auch ein Überschalljagdflugzeug Northrop F-5B Freedom Fighter. Weitere Attraktionen sind ein großes, modern ausgestattetes Planetarium und der sogenannte „Gulf Stream Tank", ein rund 19 Millionen Liter fassendes, kegelförmiges Salzwasserbecken, durch dessen Glasscheibe die Besucher Haie beobachten können.

Phillip and Patricia Frost
Museum of Science
1101 Biscayne Blvd
Tel. 305 434 9600

Rubell Family Collection

Mera und Don Rubell begannen schon in den 1960er Jahren mit dem Sammeln zeitgenössischer Kunstwerke. Mittlerweile besitzt das Paar mehr als 1000 Kunstwerke und verfügt damit über eine der weltweit größten Privatsammlungen bedeutender Kunstwerke. Zu den erlesenen Werken zählen Arbeiten von Julian Schnabel, Cindy Sherman, Jeff Koons und Keith Haring. Montags ist die Ausstellung geschlossen.

Rubell Family Collection
95 NW 29th Street
Tel. 305 573 6090

South Pointe Park

Diesen wunderschönen Rückzugsort am südlichen Zipfel von Miami Beach sollte man einmal besucht haben.

Nach einer aufwändigen Renovierung hat der South Pointe viele neue Anlagen vorzuweisen, unter anderem eine Aussichtsplattform mit Liegestühlen, beleuchtete Springbrunnen, Kinderspielgeräte und eine brandneue Promenade direkt an der Bay.

Der South Pointe Park liegt direkt am Atlantischen Ozean, von hieraus überblickt man den gesamten South Beach. Nach 16 Uhr kann man die Kreuzfahrtschiffe beobachten, die durch den „Government-Cut"-Kanal in

Tropenparadies in Miami: der Venetian Pool

die hohe See aufbrechen.

South Pointe Park
1 Washington Ave
täglich bis 22 Uhr
Promenade: bis 2 Uhr morgens

Venetian Pool

Wieso in ein Freibad, wenn man das Meer direkt vor den Füßen hat, dürften einige denken, aber der Venetian Pool ist nicht nur irgendein Freibad, sondern eben ein außergewöhnlich schönes. Das Korallengestein der im ve-

netianischen Stil erbauten Poolanlage lässt das Wasser türkisfarben schimmern, man badet zwischen tropischen Wasserfällen, kühlenden Grotten und Felsgestein. Vor allem am Abend ist dieser Platz besonders malerisch, denn dann wird der Pool beleuchtet und man badet im schmeichelnden Licht der angezündeten Fackeln.

Venetian Pool
2701 De Soto Blvd, Coral Gables
Tel. 305 460 5306

Villa Vizcaya

Ebenfalls zum Pflichtprogramm in Miami gehört ein Besuch der Villa Vizcaya, die 1916 von dem Industriellen James Deering erbaut wurde und heute als Museum dient. Unschwer zu erkennen, dass der Mann ein Faible für den Stil der italienischen Renaissance hatte. Der liebevoll gestaltete, subtropische Garten ist paradiesisch und das prunkvolle Gebäude mit seinen 34 Zimmern sucht seinesgleichen. Immer wieder finden hier Events und Veranstaltungen statt, und wer genügend Geld hat, kann die Villa auch für seine eigene Geburtstagsfeier buchen, muss aber dafür ordentlich in die Tasche greifen. Pro Stunde werden für Villa und Garten 1.500 Dollars verlangt. Übrigens stellte der Industrielle seinen Garten jeden Sonntag der Bevölkerung zur Verfügung, eine lobenswerte Sache, an der sich die Superreichen von heute durchaus ein Beispiel nehmen könnten. Haus und Garten kann man täglich von 9.30 bis 16.30 Uhr besichtigen.

Vizcaya Museum and Garden
3251 South Miami Avenue
Tel. 305 250 9133

World Erotic Art Museum

Das Museum für erotische Kunst wurde im Jahr 2005 von der Kunstsammlerin Naomi Wilzig eröffnet. Die Sammlung umfasst zurzeit mehr als 6000 Exponate vom Mittelalter bis zur Gegenwart. Man kann sich vorstellen, dass Frau Wilzig anfangs ganz schön zu kämpfen hatte für ihre Idee, denn die öffentliche Akzeptanz für ein erotisches Museum ist eben doch schwer zu kriegen, weder von Seiten der Bevölkerung noch von Seiten der Politiker. Da freut es einen umso mehr, dass die Einrichtung kürzlich zum wichtigsten erotischen Museum der Welt erkoren wurde.

World Erotic Art Museum
1205 Washington Ave
Miami Beach
Tel. 305 532 9336

Diese, im venezianischen Stil erbaute Brücke,
befindet sich im Garten der Villa Vizcaya

ÜBERNACHTEN

Seien wir mal ehrlich: Miami North Beach ist ein sterbendes Terrain und verwandelt sich gerade vom ambitionslosen Touristen-Spot zu einem extrem ambitionierten Terrain für Immobilien-Haie und reiche Mieter, die sich einen eigenen, privaten Strandzugang in den Kopf gesetzt haben. Letztendlich sind sie es, die die Vertreibung der Touristen aus dem Paradies maßgeblich voran treiben. Und auch die Dienstleister um die Hotels herum haben sich schon auf diese Agonie eingestellt. Man erkennt dies daran, dass zwei Hotelangestellte minutenlang eine Türe weiter putzen, während Hotelgäste darauf warten, endlich durch diese Türe hindurch zu können. Oder der Concierge, der so unendlich lange braucht mit dem Herauskramen der Karte und dem Einzeichnen der Buslinie, dass der Bus inzwischen schon mindestens zweimal an dem Hotel vorbei gerauscht ist. Der alte Glanz dieser verschwenderisch weitläufig gebauten Hotels im Norden ist kaum mehr zu spüren, zwar steht der Flügel immer noch auf einer marmorglänzenden Bühne, doch auf dem Unterhaltungsplan der Woche, der im Aufzug schief aufgehängt mit Klebestreifen angebracht wurde, ist der Pianist gerade mal für zwei Happy-Hour-Stunden am Mittwoch eingetragen.

Den ganzen Tag sind dunkelhäutige kleine Menschen damit beschäftigt, den herrlichen Boden am Glänzen zu halten. In Ermangelung anderer Gerüche in diesen still gewordenen Hallen steigt einem der scharfe Geruch dieser Putz- und Wunderglanzmittel erbarmungslos in die Nase. Und schade denkt man, hier wird etwas dem Tode Geweihtes mit Mühe am Leben gehalten und verdammt nochmal, hier will doch keiner Urlaub machen, warum nur ist man hier gelandet, das Foto im Internet hat doch so verlockend ausgesehen!

Kurzum: Wer heute als Tourist nach Miami Beach kommt, für den kommen eigentlich nur South Beach oder Miami Down-

In South Beach findet sich eine große Auswahl an erstklassigen Hotels

town zum Übernachten in Frage. Was die Zimmerpreise angeht, so eilt Miami mit großen Schritten auf die abgehobenen Zimmerpreise von Städten wie New York zu, wo man für schuhkartongroße Zimmer ohne Frühstück gerne 300 Dollars verlangt. Ganz so schlimm ist es in Miami zwar noch nicht, aber während der Hochsaison ein einigermaßen komfortables Zimmer unter 200 Dollars zu kriegen, ist schon echte Glückssache. Das Frühstück ist dann zwar mit dabei, aber Großes ist ansonsten nicht zu erwarten.

Genauso unvernünftig wie eine Hotelbuchung in North Beach ist mittlerweile eine direkte Buchung des Hotels ohne die Inanspruchnahme einer der vielen Hotelsuchmaschinen, die mittlerweile so zahlreich vertreten sind, dass man Mühe hat, überhaupt auf die offizielle Webseite seines Wunsch-Hotels zu gelangen.

Dass selbst jene Urlauber, die sich extrem luxuriöse und teure Hotels leisten können, gegen das Sparen nichts einzuwenden haben, versteht sich von selbst. Für sie empfehlen sich Portale wie **www.secretescapes.de**, auf deren Webseite man sich zwar anmelden muss, die aber oft umwerfende Angebote in Sachen Luxus-Herbergen zu bieten haben und für Freunde vornehmer Hotels oft erst den Grund schaffen, schnell mal auf ein verlängertes Wochenende wegzufahren. Die meist zeitlich limitierten Angebote sind oft unschlagbar.

Eine ebenfalls interessante Variante, um günstig und komfortabel zu wohnen, ist das Mieten einer Unterkunft über Portale wie **www.airbnb.de**. Neben herkömmlichen Ferienwohnungen und Häusern werden dort Unterkünfte von Einheimischen angeboten, die gerade nicht vor Ort sind oder denen es gelungen ist, sich mithilfe eines solchen Portals an einem schönen Ort eine hübsche Zweitwohnung am Laufen zu halten. Diese von Privatleuten zur Verfügung gestellten Wohnungen sind den reinen Ferienwohnungen vorzuziehen, weil sie viel liebevoller eingerichtet sind als die oft sterilen, herkömmlichen Ferienwohnungen. Außerdem bieten sie den Besuchern oft eine lückenlos ausgestattete Küche und ein volles Bücherregal oder eine spannende CD-Sammlung zur Nutzung an. Wer am Ende der Reise die übrig gebliebenen Lebensmittel nicht wieder ins Flugzeug schleppen möchte, kann seine Yoghurts und andere unangebrochenen Lebensmittel getrost im Kühlschrank lassen, denn der nächste Gast freut sich bestimmt darüber. Überhaupt sollte man es sich zur Regel machen, immer eine Flasche Weißwein und eine gefüllte Wasserflasche im Kühlschrank zu hinterlassen, denn es gibt für erschöpfte Reisende mit Jetlag doch nichts Angenehmeres, als sich gleich nach der Ankunft mit einer Flasche eisgekühlten Weins auf die Terrasse zu setzen und erst einmal richtig anzukommen. Weil immer mehr Leute die Möglichkeit nutzen, mit dem Vermieten ihrer eigenen vier Wände beispielsweise ihren eigenen Urlaub bezahlbarer zu machen, wächst das Angebot der privaten Wohnungsanbieter im Internet täglich. Und weil sich der Erfolg der Vermietung mit dem Erhalt guter Kritiken noch steigern lässt, bieten viele ihren Gästen immer öfters nette Kleinigkeiten an wie etwa ein kostenloser Snack bei der Ankunft oder die Einladung, sich gerne bei den Fahrrädern, Rollerblades oder Surfbrettern im Keller zu bedienen.

Solche Agreements sollten Unterstützung finden, denn ohne Frage gehören diese Portale zu den positiveren Errungenschaften des Reisens, seitdem es das Internet gibt.

Und hier im folgenden eine wohlsortierte Auswahl von empfehlenswerten Unterkünften in Miami, die sich nur an echten Hotspots befinden.

Beacon Hotel South Beach

Zentraler geht es kaum. Das hippe, neonfarbige Hotel befindet sich mitten im Art-Déco-Viertel am Ocean Drive und nur die Partymeile trennt die Urlauber vom herrlichen Sandstrand. An der Mojito-Bar herrscht gute Stimmung. Versuchen Sie, ein Zimmer mit Meerblick zu bekommen.

Beacon Hotel South Beach
720 Ocean Dr
Tel. 305 674 8200

Bikini Hostel

Viele junge Leute verzichten lieber auf den Komfort eines ruhigen Hotelzimmers und haben dafür nachts auf den unzähligen Partys der Stadt etwas mehr Geld in der Tasche. Das Bikini Hostel bietet Mehrbett- und Doppelzimmer zu vernünftigen Preisen und verfügt sogar über Pool und Jacuzzi. Und auch an Service, Ausstattung und Service gibt es nichts auszusetzen. Übrigens gibt es auch ältere Leute, die mit wenig Schlaf auskommen und mit einem Bett im Schlafsaal zufrieden sind. Auch diese sind natürlich gerne gesehen.

Bikini Hostel
1255 West Avenue
Tel. 305 253 9000

Cardozo Hotel

Wundern Sie sich nicht, wenn in der Eingangstüre dieses Art-déco-Gebäudes ab und zu ein Gesicht auftaucht, das suchend seine Augen durch den Raum wandern lässt, um kurz darauf wieder zu verschwinden. Bei diesen Besuchern handelt es sich meist um Promijäger, die es kaum erwarten können, die Besitzerin des Hotels persönlich zu treffen. Leider hat Gloria Estefan derart viel anderes zu tun, dass sie sich um das Hotel mit seinen 43 eleganten Zimmern selbst nicht kümmern kann. Muss sie auch nicht: Ihre Leute arbeiten wie am Schnürchen und sorgen dafür, dass es den Gästen an nichts mangelt. Das schlagendste Argument für dieses Hotel jedoch ist seine hervorragende Lage am Strand.

Cardozo Hotel
1300 Ocean Drive
Tel. 305 535 6500

Catalina Hotel & Beach Club

Wer dieses Hotel wählt, kann eigentlich nichts falsch machen, denn das Catalina ist in Miami ein echter Klassiker und allseits bekannt. Das hauseigene Restaurant ist einfach wunderbar, die Angestellten professionell und stets gut gelaunt, die Lage perfekt zwischen dem regen Treiben der Geschäfte, Bars und Restaurants und gerade mal eine Parallesstraße vom berühmten Ocean Drive entfernt. Ganz dicht am Geschehen also, und nur weil in zweiter Reihe stehend, doch zu manchen Zeiten preisgünstiger als eines an vorderster Front. Zumindest zum Frühstücken oder Brunchen sollte man einmal hierher kommen, schon allein das Beobachten der Leute macht einfach Spaß hier.

Catalina Hotel & Beach Club
1732 Collins Ave
Tel. 305 674 1160

Circa39

Etwas abgelegen vom Partytrubel befindet sich in Strandnähe dieses hübsche Boutique-Hotel mit einem kleinen Pool inmitten tropischer Pflanzen und schönen, hellen Zimmern.
Es gibt ein Café, eine Bar mit Happy Hour und einen Speise- und Getränke-Service am Pool.

Circa39
3900 Collins Ave
Tel. 305 538 4900
www.circa39.com

Clay-Hotel – TIPP für Nachtschwärmer

Das gehobene Mittelklassehotel – für Miami-Verhältnisse ziemlich preiswert übrigens - befindet sich mitten im Party-District, weshalb es nachts durchaus etwas lauter zugehen kann. Das hübsche Hotel im Art-déco-Stil jedenfalls ist Trubel gewohnt, denn schon Al Capone feierte hier wilde Partys und betrieb sein lukratives Glücksspielgeschäft. Außerdem gab es jede Menge Schaulustige, als hier Filmaufnahmen mit Leuten wie Sylvester Stallone, Elton John oder Don Johnson stattfanden.

Clay-Hotel
1438 Washington Ave
Tel. 305 534 2988

Clevelander – TIPP für Party-People

Das 1938 erbaute Clevelander ist ein echtes Wahrzeichen von South Beach und besonders bei Partygängern beliebt. Wer hier nicht übernachtet, sollte wenigstens der schönen Open-Air-Bar einen Besuch abstatten. Zwar verfügt das Hotel nur über 50 Zimmer, aber dank der vielen Bars, Clubs und Terrassen kommt es einem gar nicht vor wie ein Boutiquehotel. Die Partys auf dem Dach sind legendär!

Clevelander
1020 Ocean Dr
Tel. 305 532 4006

Delano

Luxus pur bietet diese Edel-Herberge aus den 1940er Jahren, die von Star-Designer Philippe Starck komplett saniert wurde. Beeindruckende Kunstobjekte von Man Ray, Gaudí und Salvador Dalí schmücken die Wände. Ansonsten hat das Hotel alles zu bieten, was man von einem der-

Das Luxushotel Delano

art hochpreisigen Hotel erwarten kann. Gourmets finden sich gerne im exquisiten Restaurant Bianca ein. Der Pool wurde 2017 vom amerikanischen Reiseportal 10Best.com zum besten Swimmingpool Floridas gekürt, denn Philippe Starck schuf hier einen spektakulären Wasserspielplatz für Erwachsene. Die separaten Bereiche der Poolanlage laden zum Schweben, Meditieren und dem Genuss von Unterwasser-Musik ein.

Delano
1685 Collins Ave
Tel. 305 672 2000

Dream South Beach

Nur eine Minute zu Fuß vom Strand entfernt, richtet sich das angesagte Boutiquehotel vor allem an ein junges, hippes Party-Publikum. Die Lobby ist in elegantem Schwarzweiß gehalten, überall auf dem Gelände wird House-Musik gespielt und am Pool und an der Bar auf dem Dach ist bis spät in der Nacht etwas los. Tolles italienisches Restaurant!

Dream South Beach
1111 Collins Ave
Tel. 305 673 4747

Eden House

Das liebevoll eingerichtete Hotel bietet schöne Zimmer zu anständigen Preisen. Wer etwas mehr ausgeben möchte, kann sich eine der komfortablen Suiten in den Conch-Häusern mieten.

Eden House
6700 Indian Creek Dr
Tel. 305 306 0714

Fontainebleau Miami

Dieses Hotel ist eines der schönsten und luxuriösesten Hotels der Stadt, und wer auf seiner Reise prominente Menschen treffen möchte, ist mit dem Fontainebleau bestens beraten. In insgesamt vier Gebäuden sind moderne, edel eingerichtete Gästezimmer untergebracht, Suiten in allen Größen und edle, aufwendig eingerichtete Penthouses. Das Hotel beherbergt nicht nur den berühmtesten Nachtclub Miamis, sondern mehrere Boutiquen, ein nobles Spa

Das historische Fontainebleau Hotel wurde von Morris Lapidus entworfen

mit Meerblick, angesagte Bars und Clubs und gleich mehrere gute Restaurants. Hier bleiben wirklich keine Wünsche offen!

Fontainebleau Miami
4441 Collins Ave
Tel. 800 548 8886

Gale South Beach

Dem historischen Art-déco-Hotel in der Collins Avenue wurde 2012 neues Leben eingehaucht, als es nach einem kompletten Facelift als schickes Boutiquehotel wieder eröffnet wurde. Die hübschen Zimmer im Retro-Stil verfügen über riesige Flachbildfernseher, ein iPod-Dock und auch das Bad kann sich trotz der fehlenden Badewanne sehen lassen. Die meisten Gäste, die hierher kommen, schätzen den Infinity-Pool auf dem Dach, die clubartige Lounge, in der man herrliche Cocktails genießen kann, und natürlich den hippen Nachtclub im Untergeschoss. Vor allem für Party-People ist dies ein ausgesprochen empfehlenswertes Hotel!

Gale South Beach
1690 Collins Ave
Tel. 305 673 0199

Miami´s Straßen und Hotelanlagen sind gesäumt von hohen Palmen

Impala Hotel

Das mediterran eingerichtete Hotel wurde erst kürzlich liebevoll renoviert und verfügt über einen gemütlichen Innenhof und ein eigenes Restaurant, das stets gut besucht ist. Die Lage ist grandios und das Personal wirklich ausgesprochen nett. Wer die Auswahl hat, sollte sich verschiedene Zimmer ansehen, denn die Größe der Zimmer ist sehr unterschiedlich. (Kein Lift vorhanden!) Im ersten Stock befinden sich besonders geräumige Zimmer samt Kingsize-Bed und Whirlpool-Badewanne.

Impala Hotel
1228 Collins Avenue
Tel. 305 673 2021

Mondrian South Beach

Auch dieses Hotel ist perfekt für Nachtschwärmer, die den ersten Cocktail des Abends gerne im Hotel genießen. Die Drinks werden direkt am Pool serviert, dort befindet sich auch die Bar. Nicht zu vergessen die Sunset Lounge, die zu den angesagtesten Hotspots der Stadt gehört und dafür sorgt, dass sich am Wochenende endlose Schlangen vor dem Hotel bilden. Gäste zeigen den Türstehern einfach ihre Schlüssel und werden dann durchgewunken.

Mondrian South Beach
1100 West Ave, Miami Beach
Tel. 305 514 1500

Sense Beach House

Das edle Boutique-Hotel befindet sich mitten im Art-Déco-Viertel und ist umgeben von Geschäften, Bars und Restaurants. Im Vergleich zu anderen gehobenen Mittelklassehotels verfügt es über recht große Zimmer und auch das Badezimmer kann sich sehen lassen. Wer sich vor dem Ausgehen schminken und dabei schon ein Gläschen Wein genießen möchte, weiß solche Badezimmer zu schätzen. Ein weiteres Plus ist zweifelsohne der Dachpool und das gemütliche Tapas-Restaurant, in dem man den ganzen Tag spanische Leckereien genießen kann. Auch ein Spieleraum mit Tischtennisplatte und Tischfußball steht zur Verfügung.

Sense Beach House
400 Ocean Dr, Miami Beach
Tel. 305 538 5529

Setai

Das Setai ist zweifelsohne eines der schönsten und luxuriösesten Hotels der Stadt. Die Einrichtung ist stylisch und natürlich vom Allerfeinsten, der Service unschlagbar.

Geboten werden neben drei Pools ein grandioses Spa unter Palmen und eine Bar unter freiem Himmel. Wer die schlichte Eleganz asiatischer Nobelhotels mag, wird das Setai lieben!

Setai
2001 Collins Ave
Tel. 305 809 8278

Shore Club

Für erholungssuchende Gäste ist dieses Hotel eher nichts, für Nachtschwärmer und Freunde guter Drinks gibt es kaum ein besseres. Die Leute, die hierher kommen, lieben das Sehen und Gesehenwerden und recken ihre Hälse nach Prominenten, die in den Restaurants und Bars des Hotels ein und aus gehen. Besonders beliebt ist der Infiniti-Pool, an dem DJ`s gute Musik auflegen und die Stimmung mit jeder Stunde besser wird. Großartiges Personal und super Lage!

Shore Club
1901 Collins Ave
Tel. 305 695 3100

South Beach Hostel

Junge Leute, die zum Feiern nach Miami kommen, buchen sich gerne in diesem sympathischen Hostel ein, das neben Privatzimmern auch extrem preiswerte Betten in den Schlafsälen anbietet. Man spürt, dass die Macher des Hotels ein Herz für junge Leute haben, denn an Geduld und Freundlichkeit sind die Ansprechpartner an der Rezeption nicht zu überbieten. Wenige Blocks weiter besitzt das Hostel noch wunderschöne Appartements, die es an nichts mangeln lassen und immer noch vergleichsweise günstig sind. Das Hostel besitzt Kultstatus in Miami und gehört zu den Partyhotels der Stadt, es empfiehlt sich darum eine frühzeitige Buchung.

Mittagessen im
South Beach Hostel
– ein Erfahrungsbericht

Mittags bildet sich an der Essensausgabe lange Schlangen von jungen Leuten, die ungeduldig von einem Fuß auf den anderen treten. Bevor es etwas zu futtern gibt, richtet der Partymanager das Wort an die hungrigen Gäste und gibt bekannt, was am Abend und in den folgenden Tagen an Entertainment so alles geboten wird. Und das ist eine ganze Menge, wie man an ungeduldigen Gesichtern ablesen kann. Viele der jungen Leute wurden gerade erst ausgespuckt von einer wilden Partynacht und genau so sehen sie auch aus. „Schonung", möchte man rufen, „die ganzen Infos kann man doch auch ausdrucken und an ein schwarzes Brett hängen – oder nicht?" Aber keiner der zumeist jungen Leute gibt auch nur einen Mucks von sich, dafür kommt der coole Alt-Rocker mit seinem tiefdröhnenden Bass dann doch zu autoritär rüber. Und das genau machen die Amis einfach gut, denn all dies ist natürlich Programm. Damit die Partys in den Partyhotels nicht zu ausschweifend werden und in den Schlafsälen kein Joint die Runde macht, muss es jemanden geben wie IHN. Einen musikversierter Club- und Szenekenner, der auf den ersten Blick aussieht wie der Weed-Verkäufer von nebenan, ein bisschen kauzig, aber ganz und gar väterlicher Freund und nebenbei eine knallharte Aufsichtsperson, die sich schon mal zwischen zwei prügelnde Jungs wirft oder sich einen betrunkenen Hotelgast über die Schulter legt und diesen leichten Schrittes zum Partybus trägt. Selbstverständlich mit einem für jene Leute beunruhigend uninterpretierbarem Ausdruck im Gesicht. Für die Eltern der jungen Leute, deren Sprösslinge das erste Mal alleine on Tour sind, mag es durchaus beruhigend sein, dass eine so routinierte Person ein Auge auf die Nachtschwärmer hat.

Trotzdem, die Ansprache dauert heute mal wieder viel zu lange und mittlerweile dürfte es auch der letzte, von Müdigkeit, Hunger und Kater gequälte Hotelgast verstanden haben, dass man nicht ohne Ausweis in einen Klub geht, dass Badelatschen tabu sind und man selbstverständlich als Gast des Party-Hostals an den langen Schlangen am Eingang vorbei geschleust wird und den VIP-Eingang benutzen darf. Dass man am Hotel abgeholt wird und dass die Eintrittspreise für Hostal-Gäste bedeutend niedriger sind und dies und jenes noch enthalten. Und sollten mehrere Partys in einer Nacht stattfinden, die unbedingt besuchenswert sind, dann ist natürlich auch der Transfer zwischen den Locations gesichert. Der Party-Manager macht noch ein paar Witze, die er mehrmals hartnäckig wiederholt, bis aus den hintersten Reihen endlich jemand lacht, der das schnelle Englisch verstanden hat. Jetzt aber ... denkt man und der Essensduft steigt einem schon in die Nase und macht den Mund ganz wässrig. Da fällt dem Mann doch tatsächlich noch ein, eine Vorausschau auf die Events der restlichen Woche zu geben. Gefühlte zwei Stunden später ist es dann endlich soweit und die Schlange setzt sich Richtung Tresen in Bewegung. Auf den obligatorischen Plastiktellern landet heute ein indisches Gericht mit Huhn, Gemüse und Reis, das wirklich köstlich schmeckt. Angesichts der unzähligen Menschen, die für die asiatische Dame an der Ausgabe sicherlich alle gleich aussehen, kann man sich ungehindert mehrmals anstellen. Und wer weiß, wie viele Infos man das nächste Mal schlucken muss, bis man was Ordentliches zwischen die Kiemen bekommt und hinterher mit einem angenehmen Sättegefühl endlich in die Kissen fallen darf.

South Beach Hostel
235 Washington Ave
Tel. 305 534 6669

The Raleigh Hotel

Wer hier etwas zu meckern hat, wird es schwer haben, überhaupt einen geeigneten Grund zu finden. Im Raleigh stimmt einfach alles, sogar die Lautstärke der Klimaanlage. Außerdem liegt das hübsche Art-Déco-Hotel so perfekt, dass man alles gut zu Fuß erreichen kann. Berühmt wurde der außergewöhnliche Pool, der in früheren Ester-Williams-Filmen schon eine Rolle spielte. Ein Abendessen am Pool – für Romantiker und Frischverliebte gibt's kaum einen besseren Ort!

The Raleigh Hotel
1775 Collins Ave
Tel. 069 999 915 443

The Standard

Das beliebte Hotel mit dem bescheidenen Namen kommt im Retro-Design daher und bietet neben einem Restaurant am Strand auch ein tolles Spa mit gemischter Sauna und Fitnesskurse an. Absoluter Kult ist momentan die Teilnahme am Sonntagsbingo! Selbst junge Leute finden das spannende Wettspiel scheinbar richtig cool. Legendär sind die Partynächte in diesem Hotel, Kinder unter 14 haben im Standard keinen Zutritt.

The Standard
40 Island Ave
Tel. 305 673 1717

HEISSE NÄCHTE UND LEGENDÄRE CLUBS

Die stadt Miami ist auch für ihr aufrgendes und vielseitiges Nachtleben bekannt. Und das wissen natürlich nicht nur die Einheimischen, die hart arbeiten und ebenso hart feiern, sondern vor allem ihre tanz- und flirtwilligen Besucher. Gerade viele junge Leute kommen ja genau deshalb in die Stadt, um es mal richtig krachen zu lassen, und da wundert es nicht, dass sich viele Hotels genau darauf spezialisiert haben. In die so genannten Party-Hotels kommen die Leute nicht zum Schlafen, das ist klar. Was zählt, sind die Events, für die jene Hotels reduzierte Tickets anbieten und auch sonst keine Wünsche offen lassen. Die Gäste dieser Hotels lassen sich gerne in Bussen von Party zu Party kutschieren und genießen es, ohne Wartezeiten durch die VIP-Eingänge geschleust zu werden. Wer tatsächlich seinen Schönheitsschlaf braucht und versehentlich in einem solchen Hotel landet, hat natürlich verloren und sollte sich schleunigst nach einer anderen Unterkunft umsehen. Das berühmteste Party-Areal befindet sich in South Beach, wo einige der begehrtesten Clubs der Welt zuhause sind wie etwa das Mansion oder das LIV. Dass diese angesichts der hohen Promidichte nicht gerade preisgünstig ist, versteht sich von selbst. Aber wer gerne feiert, spart lieber an der Unterkunft und gönnt sich dafür lieber erstklassiges Entertainment und genießt weltberühmte DJs, perfekte Cocktails, Sound- und Lichttechnik vom Feinsten und was sonst noch so alles dazu gehört zu einer perfekten Party-Nacht. Auch wer coole Bars und Cocktail-Lounges bevorzugt, wird in South Beach fündig: unzählige Locations warten mit traumhaften Drinks und gut aussehenden Bedienungen auf die Nachtschwärmer, denen mit jeder Stunde der Nacht der Geldbeutel ein wenig lockerer sitzt. Es empfiehlt sich daher auf jeden Fall, das Wechselgeld zwischendurch mal nachzuzählen, denn leider ist beispielsweise der

Miami ist berühmt für wilde Partys

Ocean Drive in den letzten Jahren ziemlich in den Verruf geraten, die Gäste richtig abzuzocken und ein obligatorisches Trinkgeld automatisch mit auf die Rechnung zu setzen.

Nachtschwärmer, die mit dem ganzen Promi-Kult nichts anfangen können und ihre Nächte lieber etwas unaufgeregter gestalten, finden sich momentan in den Vierteln wie Little Havana, Midtown oder Wynwood ein. Dort trifft man dann in den Bars schon eher auf Individualisten, schräge Vögel, Künstler und Normalos, die weniger gepimpt daher kommen und lieber ein cooles Gespräch an einer Kneipentheke führen, als sich auf der Suche nach der Spaßjagd durch die Nacht die Hacken abzulaufen. Wer Live-Musik liebt, ist hier ebenfalls genau richtig und wird sich wundern, wie hoch die Qualität ist, die geboten wird. Meist ohne Dresscode und etwas weniger glamourös geht es auch am Coconut Grove zu, wo sich viele kleine, gemütliche Restaurants und günstige Studentenbars angesiedelt haben.

Area 31
Rooftop-Bar und Restaurant

Eine der stilvollsten Bars der Stadt befindet sich auf dem Dach des EPIC Hotels. Ein herrlicher Ort mit grandiosem Blick über den Miami River und die Bucht. Auch das so genannte „Barfood" ist legendär, es kommt direkt aus dem angeschlossenen Restaurant, das zu den begehrtesten der Stadt gehört. Dresscode: eher schick denn leger.

EPIC Hotel
270 Biscayne Blvd Way

Blackbird Ordinary

Wer Live-Musik liebt, ist hier genau am richtigen Ort. Und wer gute Cocktails zu guter Live-Musik liebt, findet sich praktisch im Paradies wieder. Der Cocktail des Hauses heißt Blackbird, und obwohl sich keine grüne Fee blicken lässt wie etwa bei der Einnahme von Absinth, lässt der schwarze Vogel den Abend doch reichlich bunter erscheinen. Das süße Wodka-Gebräu hat es in sich!

Blackbird Ordinary
729 SW First Ave

Bleau Bar

Diese Bar ist einfach Kult, die sollte man sich auf jeden Fall einmal anschauen. Der Service ist zu jeder Zeit hochprofessionell und da fällt einen glatt wieder ein, was eine gute Bar ausmacht, und zähneknirschend muss man zugeben, dass solche Orte bei uns eher selten geworden sind. Schon Sinatra und Elvis Presley haben die Atmosphäre dieser Bar geschätzt, auch alleine kann man gut hierher kommen und an der Bar den einen oder anderen superleckeren Cocktail schlürfen. Die grandiosen Speisen eignen sich überdies als perfekte Unterlage für eine heiße Partynacht. Wer Stehvermögen besitzt, findet sich bald in heiterer Runde.

Bleau Bar
4441 Collins Ave
Tel. 305 538 2000

Cameo - South Beach

Wer House-Musik, R&B und Progressive Trance Music liebt, ist hier genau richtig.

Cameo
1445 Washinton Ave,
Tel. 786 235 5800

C-Level-Rooftop Terrace

Direkt am Ocean Drive, also DEM Hotspot der Stadt, befindet sich auf dem Hotel „The Clevelander" diese herrliche Bar, in der tagsüber so gut wie nichts los ist. Wer also bei Tage ein wenig Entspannung sucht, ist hier genau richtig. Abends hingegen sieht es hier schon wieder ganz anders aus, dann ist Partystimmung angesagt und die netten Kellner kommen kaum hinterher, die leckeren Cocktails auszuschenken.

C-Level-Rooftop Terrace
1020 Ocean Dr

Club Space

Dieser Club ist einer der ältesten und renommiertesten in Miami. DJs aus der ganzen Welt kommen hierher und bringen den Saal buchstäblich zum Kochen. Die Besucher schätzen den exzellenten Service und die traumhafte Soundanlage. Aufgrund der vielen Promis, die hier verkehren, sind die Warteschlangen vor dem Eingang oft ziemlich lange, am besten kauft man die Eintrittskarten online.

Club Space
34 NE 11th St
Tel. 305 375 0001
www.clubspace.com

FIFTY Ultra Lounge

In der 50. Etage des Viceroy-Hotels befindet sich die FIFTY Ultra Lounge, die nicht nur über einen sensationellen Blick über den Stadtteil Brickell, sondern auch über einen tollen Pool verfügt.

Jeden Samstag ist Party angesagt, dann kommen die besten DJs der Stadt. Gute Stimmung garantiert!

FIFTY Ultra Lounge
485 Brickell Ave

Fritz & Franz Bierhaus

Wer gerne mit Einheimischen in Kontakt tritt und mit dem Biertrinken schon zu den üblichen Feierabendzeiten sprich zur Happy Hour beginnen will, ist in diesem Kult-Lokal genau richtig.

Fritz & Franz Bierhaus
60 Merrick Way, Coral Gables
Tel. 305 774 1883
täglich bis 23 Uhr

Nachts erwacht South Beach erst richtig zum Leben

Glass at the Forge

Der elegante Club mit dem seltsamen Namen eignet sich perfekt, um Seite an Seite mit Promis, Models und jungen Investmentbankern die Nacht durchzutanzen. Auch das Essen ist grandios.

Glass at the Forge
432 41 St, Miami Beach
Tel. 305 604 538 8533

Hoy Como Ayer

Willkommen auf Kuba! Mitten in Little Havanna und abseits der glamourösen Partymeile tanzt man auf lateinamerikanische Musik, bis die Sonne aufgeht. Bei derart beschwingter Musik hält es kaum jemanden auf den Stühlen, da kann man noch so sehr versuchen, sich an seinem Mojito-Glas festzuhalten! Absoluter Geheimtipp, vor allem von Einheimischen frequentiert.

Hoy Como Ayer
2212 SW 8th St
Tel. 305 541 2631
www.hoycomoayer.us

Icon

Der renommierte Tanztempel wie aus dem Bilderbuch besitzt seit 2016 einen frischen Anstrich und ist beliebter denn je. Perfekter Service, gute DJs, leckere Getränke und Sound- und Lichtanlage vom Feinsten – was will man mehr! Ja bitte, hereinkommen nämlich! Die Schlangen vor dem Eingang sind nämlich mitunter ellenlang, da lohnt es sich, seinen Namen per Online-Reservierung auf die VIP-Liste setzen zu lassen!

Icon
1235 Washington Ave
Tel. 305 680 9480
www.iconmiami.com
Fr. und Sa. 22–5 Uhr

Jazid

Wie das so ist bei echten Jazz-Freunden, wird hier weniger Wert auf das schicke Äußere gelegt, sondern auf die Qualität der Musiker, die hier allabendlich auftreten. Geboten werden neben klassischem Jazz auch Funk, Reggae, Latin und Rock. Die

Im Jazid erwartet Sie eine breite Musikauswahl von Jazz über Latin bis Rock

Stimmung ist einfach ansteckend in dem Laden und ein Muss für Freunde guter Live-Musik.

Jazid
1342 Washington Ave
Tel. 305 673 9372
www.jazid.net

Juvia

Nicht ganz billig, aber durchaus einen Besuch wert ist die Bar „Juvia", die zu den besten Rooftop-Bars Miamis zählt. Besonders interessant ist die Küche, die hier eine Melange aus französischen, peruanischen und japanischen Spezialitäten bietet. Der Eingang befindet sich direkt an der Lenox Avenue, ein eigener Fahrstuhl führt direkt auf das Dach. Dresscode: eher schick denn leger. Flip-Flops sind ein no-go.

Juvia
1111 Lincoln Rd,
Miami Beach

LIV

LIV, so heißt der mit Abstand angesagteste Club Miamis und wahrscheinlich der ganzen Vereinigten Staaten. Man kann fragen, wen man will, jeder hat schon von diesem Nobel-Hotspot gehört und davon geträumt, zu David Guetta neben den Schönen und Reichen Floridas abzutanzen und mit viel Glück Leute wie Brad Pitt oder George Clooney einmal hautnah zu erleben. Wer auf Promi-Jagd ist, sollte diesen magischen Ort der Eitelkeiten auf keinen Fall verpassen und sich – was sein Äußeres betrifft – ordentlich ins Zeug legen. Denn hier sind die Türsteher Götter, und um an ihnen vorbei zu kommen, sollte Mann schon zumindest ein edles Hemd oder Designer-Jeans tragen, und wenn dies nicht, so zumindest eine so charismatische Frau an seiner Seite vorweisen können, dass an ihr praktisch kein Türsteher vorbeikommt. Ob sich die 80 Euro Eintritt lohnen, wird der Abend zeigen. Dass ein Abend an diesem glamourösen Ort locker die Urlaubskasse für eine Woche weg schlucken kann, versteht sich von selbst. Selbst zuviel zu schlucken und die Kontrolle zu verlieren, empfiehlt sich hier durchaus NICHT. Übrigens:

LIV ist die römische Zahl für 54, dem Jahr, an dem das Luxushotel Fontainebleau zum ersten Mal seine Pforten öffnete.

LIV
4441 Collins Ave
Miami Beach

Mansion – TIPP für Promijäger

Trotz der starken Konkurrenz durch das LIV gehört der Mansion-Club nach wie vor zu den heißesten Adressen in South Beach. Hier tobt die Szene, tanzen Promis und solche, die gerne Kontakt zu jenen haben, nebeneinander bis zum Morgengrauen.

Mansion
1235 Washington Ave
Tel. 786 735 3344
www.mansionmiami.com

Mango´s Tropical Café

Der zweistöckige Tanzschuppen am Ocean Drive kommt für amerikanische Verhältnisse ultra-freizügig daher und ist eine echte Partyhöhle im Caribbean Style. Serviert werden eiskalte Drinks von heißen Kellnerinnen im Tiger-Bikini. „Weniger ist mehr", so auch das Bekleidungs-Motto der Animierdamen, die auf der Theke tanzen. Gespielt werden aktuelle Hits, Salsa und R&B.

Mango´s Tropical Café
900 Ocean Dr
Tel. 305 673 4422

Die Partymeile schlecht hin: der Ocean Drive

Mynth

Eine typische, legendäre Miami-Lounge für die Reichen und Schönen der Stadt.

Mynth
1921 Collins Ave
South Beach

Pawn Broker

In dieser wunderbaren Bar auf dem Dach von „The Langford Hotel" mitten in Downtown Miami gibt es wohl die besten, handgemachten Cocktails der Stadt, weshalb sie auch bei Einheimischen sehr beliebt ist. Scheint sich bei den Touris noch nicht so herum gesprochen zu haben, also (noch) ein echter Geheimtipp.

Pawn Broker
121 SE 1st Str

Set

Der Name ist Programm. Etliche Models sind in diesem VIP-Club unterwegs, eines schöner als das andere. Der perfekte Ort zum People-Watching.

Set
320 Lincoln Rd, South Beach
Tel. 305 531 2800
www.setmiami.com
Mo. und Mi. geschlossen

Tantra

Der Fußboden ist mit echtem Rasen bedeckt und für Entspannung pur sorgen Hängematten, die unter der Decke baumeln. Man schlürft ausgefallene Cocktails, die mit essbaren Blumen verziert sind und eine aphrodisierende Wirkung versprechen. Getanzt wird hier, bis die Wolken lila sind.

Tantra
1445 Pennsylvania Ave
Miami Beach

The 1 Rooftop

Eine der schönsten Rooftop-Bars überhaupt befindet sich im 18ten Stock des 1-Hotels. Der Blick über Miami ist einfach sensationell, man genießt praktisch einen Rundum-Blick über South Beach. Die Cocktails sind einfach perfekt und die Speisen vom Feinsten.

The 1 Rooftop
2341 Collins Ave
South Beach

The Broken Shaker

Man merkt sofort, hier sind echte Meister ihres Faches unterwegs. Unbedingt probieren: den „Dutch Kills", bei dem nicht nur die Niederländer in die Knie gehen! Man genießt einen phänomenalen Mix aus Sternanis, Bombay Dry Gin, Fenchelsamen, Zitrusfrüchten und frischer Ananas. Ein Muss für alle Cocktail-Freunde.

The Broken Shaker
2727 Indian Creek Drive
Miami Beach

The Fifth

Ein sagenhafter Club, in dem Trapez-Künstler unter der Decke hin- und herschwingen und die Besucher im Schwarzlicht bald selbst aussehen wie ein Kunstwerk. Toller Service und traumhafte Cocktails – unbedingt besuchen!

The Fifth
1045 5th St

Twist – TIPP für Homosexuelle

Eine Location, die ganz in der Hand der Schwulen-Szene ist. Insgesamt sieben Bars sind hier unter einem Dach vereint. Wer hier kein schönes Plätzchen findet und keinen Herren, der schön genug – wo denn dann bitte?!

Twist
1057 Washington Ave
www.twistsobe.com

Wall Lounge – Achtung Promi-Alarm!

Besonders beliebt zum Abtanzen bis zum Morgen ist die kleine, aber feine Wall Lounge im South Beach Hotel. Etliche Promis sind hier zu finden, vornehmlich aus der Sport-Szene. Overdressed kann man hier gar nicht sein, ein schickes Outfit wird erwartet.

Wall Lounge
2201 Collins Ave
Tel. 305 938 3130

DEN PROMIS DICHT AUF DEN FERSEN

Wenn Sie während Ihres Miami-Aufenthaltes plötzlich Blitzlichtgewitter und wildes Kameraklicken erleben oder mit einem Male sämtliche Damen im Restaurant ihre Push-ups zurechtrücken und in der Handtasche nach Spiegel und Lippenstift kramen, dann ist mit Sicherheit Promi-Alarm angesagt. Während das Bodenpersonal am Flughafen und die Kellner in den noblen Clubs und Bars den Anblick von Leuten längst gewohnt sind, die sie gerade noch im Kino bewundert haben, sind solche Momente für viele Touristen DAS Highlight ihres Urlaubs.

Immer mehr Prominente zieht es in das sonnige Miami und schon seit einigen Jahren ist zu beobachten, dass sich Miami in Sachen Promidichte immer mehr zu einer echten Konkurrenz zu Los Angeles entwickelt. Den Anfang machte die Sängerin Madonna, die hier schon vor einigen Jahren ein Haus erwarb, es folgten Matt Damon, Nicolas Cage und David Caruso (ja genau der Mann, der bei CSI Miami als Horatio Caine ermittelt und so derart sexy die Sonnenbrille aufzusetzen pflegt). Auch Rapperin Missy Elliott, John Legend, Gwyneth Paltrow und Pamela Anderson besitzen mittlerweile pompöse Häuser in der Stadt.

Auf Fisher Island – unweit vom touristischen South Beach – entfernt, leben heute Talk-Queen Oprah Winfrey, Basketball-Legende Michael Jordan und Schauspielerin Rosie O'Donnell, meistens in extravaganten Villen und mit direktem Meer-Zugang. Wer es darauf anlegt, wird während seines Miami-Aufenthaltes irgendeinen Promi entdecken, sei es beim Shoppen in der Lincoln Road, in der berühmten Mall am Coconut Grove oder beim Abtanzen in der Myntlounge, im „LIV" oder im „Mansion". Die noblen Hotels mit der größten Promidichte heißen Fontainebleau, Browns Hotel, Eden Roc, The W South Beach Hotel & Residences und „The Shore Club".

Keine Frage, dass viele Leute ihre Berühmtheit fürs Geschäft nutzen. So eröffnete Danny DeVito am Ocean Drive schon vor Jahren ein In-Lokal mit dem fantasievollen Namen „De Vito South Beach", seine Kollegin Queen Latifah tat es ihm gleich, ein bisschen weniger exklusiv, aber immerhin mit einem Schnell-Restaurant namens „Fat Burgers".

Die Boutique „Dash" – kürzlich mit großem Tamtam eröffnet – gehört den Kardashian-Sisters und Gloria Estefan lädt ihre Freunde gerne in das eigene Restaurant „Larios" ein oder auch in das weniger bekannte „Bongos Cuban Cafe" in Miami Downtown.

Auch Ricky Martin, Enrique Iglesias, Celíne Dion und Shakira verfügen über spektakuläre Anwesen in Miami und die Liste ließe sich endlos fortsetzen. Bei einem derartigen Gewimmel von Prominenz wundert es nicht, dass auch die Touranbieter der Stadt daran mitverdienen wollen und jedes Jahr Tausende von Promijägern und Groupies an den Hotspots vorbei schleusen. Da sich die meisten der Anwesen direkt am Wasser befinden,

handelt es sich meist um interessante Bootstouren, bei denen man obendrein noch witzige Anekdoten aus dem Leben der Superstars zu hören bekommt.

Wundern Sie sich also nicht, wenn im Fontainebleau auf der Liege neben Ihnen plötzlich jemand wie Naomi Campel oder Leonardo di Caprio Platz nimmt oder Tiger Woods an Ihnen vorbei schwimmt. Sollte David Caruso Sie fragen, ob Sie für seine minimal pigmentierte Haut ein bisschen Sonnencreme übrig haben, denken Sie daran: Cool bleiben und erstmal gaaanz langsam die Sonnenbrille abnehmen.

Folgende Tour führt an den Luxusinseln Fisher Island, Star und Hibiscus Island vorbei. Man kriegt in 90 Minuten etliche Anwesen berühmter Leute zu sehen und hört interessante Geschichten. Die 90 Minuten auf dem Boot vergehen wie im Fluge!

Island Queen Cruises
Bayside Marketplace
Tel. 305 379 5119
www.islandqueencruises.com

ESSEN UND TRINKEN

Lange Zeit standen die Amerikaner in dem Ruf, nicht gerade viel von der Kochkunst zu verstehen. Dass sich dies in den letzten Jahren ins komplette Gegenteil verkehrt hat, kann man in Miami am eigenen Gaumen erfahren. Die Gastroszene der Stadt liebt es, neue kulinarische Trends zu entdecken, und wenn auch das Angebot an Lebensmitteln in den Supermärkten eher das Gegenteil vermuten lässt, so legt man in den besseren Restaurants ausnahmslos wert auf gesunde und qualitativ hochwertige Zutaten. Das große Weideland der Rinderfarmen und natürlich die frischen Meerestiere direkt vor der Haustüre machen es den Köchen in Miami dahingehend einfach. Außerdem haben die unzähligen Einwanderer wie etwa aus Kuba, Mexiko oder den Bahamas ihre Rezepte mit in das Land gebracht und auch dafür gesorgt, dass es die Zutaten ihrer Herkunftsländer überall zu kaufen gibt. Herausgekommen ist eine karibisch und südamerikanisch geprägte Küche mit viel Fisch und exotischen Früchten. Dabei entstehen ständig neue Gerichte, denn die Köche können aus einer ungeheuren Bandbreite exotischer Gewürze, Früchte und Gemüsesorten schöpfen.

Die Küchenchefs der Stadt sind experimentierfreudig und das verwöhnte Publikum ist gnadenlos. Und ehrlich gesagt: In Zeiten von tripadvisor und Co. hätte ein mittelmäßiges Restaurant in einer so touristischen Stadt wie Miami doch nicht den Hauch einer Überlebens-Chance. Da braucht der Koch nur mal einen schlechten Tag zu haben und die Kritiken in den Foren könnten für das Lokal das ewige Aus bedeuten.

Es ist schon seltsam, dass an einem Ort wie Miami, an dem kein Mensch eine Ahnung davon hat, wie kalt ein Winter sein kann, ausgerechnet die Eintöpfe so beliebt sind. Eine alte, polnischstämmige Köchin vom South Beach behauptete sogar, die einzige Existenzberechtigung des kalten polnischen Winters bestehe in der Vorfreude auf einen Teller Eintopf während eines

Wer Meeresfrüchte mag ist in Miami genau richtig

langen Spaziergangs durch die Kälte. Voilà! Da haben wir´s. Miami also, aus geografischer Sicht ganz und gar nicht exponiert für Eintöpfe und evolutionstechnisch erst recht nicht, denn Eintöpfe schmecken oft erst am dritten Tag richtig lecker und in einem Land ohne die Möglichkeit zur Kühlung hätte es diese Speise gar nicht erst auf die Regional-Liste geschafft. Zum Glück besitzt Miami eine polnische Köchin, deren Lieblingsbeschäftigung das Genießen heißer Eintöpfe ist. Und so funktioniert das eben in einer so multikulturellen Stadt und die Folge ist, dass jeder Tourist – egal welcher Herkunft – mit Sicherheit ein Restaurant findet, in dem er sich kulinarisch beheimatet fühlt.

Azul

Genussreiches Speisen in stilvollem Ambiete bietet das exklusive „Azul" im Mandarin Oriental. Das Restaurant gehört zu den besten der Welt und wurde mit fünf Forbes Sternen ausgezeichnet. Freunde der asiatischen Küche können sich bei der Auswahl exotischer Gourmet-Leckereien kaum entscheiden und auch die Weinkarte ist äußerst umfangreich. Ein weiteres Plus sind der ausgezeichnete Service sowie in den Abendstunden ein spektakulärer Ausblick auf die Biscayne-Bucht.

Azul
500 Brickell Key Dr
Tel. 305 913 8358

B.E.D.

Wer würde sich nicht mal gerne sein Essen ans Bett bringen lassen? In dem Restaurant-Club speist man tatsächlich im Bett – bei schummrigem Kerzenlicht. Ultra bequem und megalecker! Das alte Rom lässt grüßen!

B.E.D.
929 Washington Ave
Tel. 305 532 9070

Bianca

Der Edel-Italiener mit bestem Service, ausgezeichneten Speisen und einer umfangreichen Weinkarte ist das Vorzeige-Restaurant des weltberühmten und luxuriösen Delano-Hotels.

Bianca
1685 Collins Ave
Delano South Beach
Tel. 305 674 5752

Blocks Pizza Deli

Wer ein Restaurant hier sucht oder einen Ort für ein romantisches Candlelight-Dinner, ist fehl am Platze. Wer schnell mal für wenig Geld die leckerste Pizza der Stadt knuspern möchte (ja genau, so kross ist der Pizzaboden), ist in diesem Imbiss goldrichtig.

Blocks Pizza Deli
1447 Washington Ave
Tel. 305 763 8788

Bubba Gump

Wer gerne Shrimps isst, kommt in diesem Lokal voll auf seine Kosten. Da wollte es scheinbar

Ein Muss für alle Forrest Gump Fans: Schrimps essen im Bubba Gump Miami

jemand Forrest Gump gleich tun, der ja bekanntermaßen mit den leckeren Meerestieren reich geworden ist. Dem Familienunternehmen sei dies ohne Neid gegönnt. Wer so gut kochen kann und sich dann noch einen derartig coolen Hot-Spot ergattert ...

Bubba Gump
401 Biscayne Boulevard
Tel. 305 379 8866

Burgers and Shakes

Hier gibt´s die besten Burger der Stadt und obendrein zu vernünftigen Preisen. Unbedingt den BBQ oder Cheeseburger probieren. Dazu ein kühles Bierchen und dann ab unter die nächste Palme ...

Burgers and Shakes
7401 Collins Ave
Tel. 305 866 1145

Caviar Russe

Na klar, wenn ein Restaurant schon diesen Namen trägt, wie kann es dann günstig sein?! Aber das ganze Ambiente ist so schick und appetitanregend, dass man für einen Teller Shrimps gerne mal 30 Dollars hinlegt. Die Königskrabben kommen mit satten 95 Dollars noch teurer daher. Gefolgt von Lobster, Kaviar, Austern und Konsorten. Und dazu eine eiskalte Flasche Champagner – Genuss pur!

Caviar Russe
1441 Brickell Ave
Tel. 305 902 6969

Cheesecake Factory

Kuchen backen können die Amerikaner, das muss man ihnen lassen. Wer zufällig an einer der vier Filialen der Käsekuchen-Fabrik vorbei kommt, sollte sich unbedingt ein leckeres Stück einverleiben.

Cheesecake Factory
Biscayne Boulevard
(Aventura Mall)

Cecconi's

Im herrlichen Innenhof des Hotel-Restaurants Cecconi's im Soho Beach House an der Collins Avenue kann man wunderbar sitzen, Leute beobachten und während der Happy Hour günstige Drinks und Appetizer genießen.

Cecconi's
Soho Beach House
4385 Collins Ave
Tel. 786 507 7902

Crumb on Parchment

Im Design District befindet sich das beliebte Lokal „Crumb on Parchment", das sich besonders für das Frühstück, ein leichtes Mittagessen oder den Nachmittagskaffee empfiehlt. Die hausgemachten Kuchen und Torten sind unschlagbar.

Crumb on Parchment
3930 NE 2nd Ave
Tel. 305 572 9444

CVI.CHE 105

Warum nicht auch den Geschmacksnerven mal etwas Neues gönnen? In diesem allseits hoch gelobten Lokal gibt es Peruanisch vom Feinsten. Die Kellner sind allesamt vorbildlich und was das Essen angeht: einfach unübertrefflich und dabei noch äußerst liebevoll angerichtet. Wer fangfrisches Seafood liebt, sollte sich diesen Ort nicht entgehen lassen! Achtung: Jacke mitnehmen, die Klimaanlage meint es mitunter besonders gut.

**CVI.CHE 105
1245 Lincold Rd,
Tel. 786 534 8651**

Wer in der Cheesecake Factory isst, sollte dort auch einen Käskuchen probieren

Exzellentes Sushi zum guten Preis bietet das Doraku während der Happy-Hour

Denny´s

Amerikanischer geht es kaum, zumindest von der Einrichtung her und angesichts der super freundlichen Bedienungen fühlt man sich sofort an Serien wie „two broke girls" erinnert. Dienstleistung wird eben hierzulande noch groß geschrieben, und wer jetzt meint, hier gäbe es nur Burger, Steaks und Kaffee bis zum Herzinfarkt (man muss nur den ersten bezahlen), der sollte mal die knackig frischen Salate oder den Fisch kosten. Einfach lecker!

Denny´s
3600 Biscayne Boulevard
Tel. 305 573 8901

Doraku

Dieses Lokal zählt zu den besten Sushi-Restaurants der Stadt. Wer die Köstlichkeiten zu einem vernünftigen Preis genießen möchte, kommt am besten zur Happy Hour hierher nämlich während der Woche zwischen 12 und 15 Uhr oder abends von 17 bis 19 Uhr. Für sechs bis acht Dollars bekommt man dann die herrlichsten Seafood-Gerichte auf Japanisch. Unbedingt probieren: den Hühnchen-Avocado-Salat und das Thunfisch-Tataki!

Doraku
900 S Miami Ave
Tel. 305 373 4633
1104 Lincoln Rd
Tel. 305 695 8383

Edge Steak & Bar

Etwas hochpreisiger ist dieses vornehme Lokal, aber wer im Hotel Four Seasons speist, den dürfte das nicht überraschen. Besonders die Fleischgerichte suchen ihresgleichen, serviert wird nicht nur höchste Qualität, sondern auch auf den Punkt Gegartes. Für Steak-Freunde das reinste Paradies!

**Edge Steak & Bar
1435 Brickel Ave
Tel. 305 381 3190**

El Mago de las Fritas

Gut und günstig speiste schon Barack Obama in diesem karibisch angehauchten Lokal mit seiner vorwiegend lateinamerikanischer Küche. Die Burger und Hot Dogs sind extrem lecker und natürlich sind auch die Fritten und die hausgemachten Saucen vom Feinsten. Unbedingt probieren: den Cuban Hot Dog und eines der köstlichen Milchshakes.

**El Mago de las Fritas
5828 SW 8th
Tel. 305 266 8486**

Garcia's Seafood

Direkt am Miami River und fernab von Glamour und Luxus befindet sich dieses recht einfache Fischrestaurant, das aber hervorragende Gerichte mit fangfrischen Meeresbewohnern anbietet. Als Vorspeise empfiehlt sich die kalte Fischplatte und als Hauptspeise der filetierte Schwertfisch mit einer Portion frittiertem Tintenfisch und gegrilltem Gemüse. Der Service in diesem Lokal ist ausgezeichnet und die Portionen groß und preiswert.

**Garcia's Seafood
398 NW North River Drive
Tel. 305 375 0765**

Hakkasan

Im berühmten Hotel Fontainebleau wartet dieses erstklassige asiatische Restaurant auf zahlungskräftige Gäste. Das stylische Interieur alleine ist schon einen Besuch wert, die Küche ist einfach ein Traum! Zu den Highlights der Menükarte zählen die klassische Pekingente und gerösteter Kabeljau in chinesischem Honig und Champagner.

Unbedingt die traditionellen Dim Sums probieren!

Hakkasan
4441 Collins Ave
Tel. 877 326 7412

Hamburger & Co

Endlich mal ein richtig guter Burger-Laden. Vor allem einer, der 24 Stunden am Tag geöffnet hat. Der Gast hat die Qual der Wahl, insgesamt stehen 700 verschiedene Gerichte zur Auswahl. Preiswerte, riesige Portionen!

Hamburger & Co
1450 Collins Ave
Tel. 305 532 8030

Hard Rock Café

Ein Besuch im Hard Rock Café ist ja ohnehin Pflicht für Leute, die sich den nächsten Kult-Pulli für die kommende Saison besorgen wollen. Warum dann nicht gleich hier speisen, denn ein guter Ruf verpflichtet, und so kann man bedenkenlos Burger, Salate, Steaks und Tex-Mex-Leckereien genießen. Die exponierte Lage am Hafenbecken gewährt einen tollen Blick über die Bucht! Sagen Sie dem Taxifahrer die Adresse, denn es gibt zwei Hard Rock Cafés, das am Bayside Marketplace ist viel größer und schöner!

Hard Rock Café
401 Biscayne-Boulevard
(Bayside Marketplace)

Juvia

Wer beim Essen gerne einen guten Blick über die Stadt und den Ozean genießen möchte, ist in diesem ausgezeichneten Restaurant genau richtig. Egal ob Fisch oder Fleisch – jedes Gericht ist von ausgesuchter Qualität und die Kombination von karibischen, asiatischen und südamerikansichen Einflüssen geschmacklich kaum zu toppen. Besonders gut: Tuna mit Sesam-Chili, Hummer mit Amarillo-Aioli und als Vorspeise ein paar Austern! Exzellenter Service und beeindruckende Weinkarte.

Juvia
1111 Lincoln Rd
Tel. 305 763 8272

La Côte

Ein fantastisches Restaurant im Poolbereich des Hotels Fontainebleau. Die Cocktails sind genauso zu empfehlen wie die variantenreiche Speisekarte. Unbedingt probieren: das Thunfisch-Steak. Manche Besucher meinen, nie ein besseres gegessen zu haben. Wer einen Platz in der oberen Etage ergattert, genießt einen traumhaften Blick auf den Atlantik.

La Côte
4441 Collins Ave
Tel. 305 674 4710

Manolo

Wer preiswert schnell mal etwas richtig Leckeres speisen möchte, sollte unbedingt bei Manolo vorbei schauen! Vor allem die Pizzen sind legendär. Leute, die es lieber süß mögen, bestellen Churros mit Dulce de leche, eine fettige, krapfenähnliche Sünde, bei der es NICHTS zu bereuen gibt.

Manolo
7300 Collins Ave
Tel. 305 868 4381

Meat Market

Für Steak-Freunde ein absolutes MUSS! Das Fleisch ist auf den Punkt gebraten oder gegart und die Beilagen und Suppen sind einfach köstlich! Neulinge sollten den gemischten Steak-Teller bestellen, da bekommt man gleich einen guten Überblick. Siehe auch Geldspar-Tipp S. 94.

Meat Market
915 Lincoln Rd
Tel. 305 532 0088

Michy's

In unkomplizierter, lebhafter Atmosphäre genießt man hier moderne Bistroküche vom Feinsten. Fleischesser sollten sich die hervorragenden, saftigen Rippchen mit Safran-Mais-Kartoffelpüree nicht entgehen lassen!

Michy's
6927 Biscayne Boulevard
Tel. 305 759 2001

News Café

Ein renommiertes Lokal, das schon seit längerer Zeit zu den besten der Stadt zählt. Der Service ist tip-top und der Spot zum People-Watching einfach perfekt.

News Café
800 Ocean Dr
Tel. 305 538 6397

Nikki Beach Club

Ein Tag wie aus dem Bilderbuch beginnt mit einem üppigen Brunch im Nikki Beach Club. Unter Sonnensegeln kann man sich stundenlang durch das reichhaltige Büffet futtern, das für jeden Gaumen etwas bereit hält. Zu den traumhaften Speisen gibt's dann ab 13 Uhr eine Beach-Party, die sich sehen lassen kann. Dann wird Live-Musik geboten oder coole Mukke von bekannten DJs. Zum Verdauen kann man sich auf bettähnlichen Luxus-Liegen ausstrecken.

Nikki Beach Club
One Ocean Dr
Tel. 305 538 1111

Prime 112

Bei Promis und Promijägern besonders beliebtes, sensationelles Gourmet-Restaurant am Ocean Drive. Einzig die Portionen sind nicht gourmetmäßig, sondern machen richtig schön satt. Und das ist auch gut so, denn für die herrlichen Cocktails, die man sich hier genehmigt, braucht es eine ordentliche Unterlage. Unbedingt die Stone Crabs und die Hummersuppe probieren.

Prime 112
112 Ocean Dr
Tel. 305 532 8112

Red Fish Grill

Im Matheson Hammock Park im schönen Viertel Coral Gables befindet sich dieses Restaurant, das sich auf die Zubereitung von Fischspeisen spezialisiert hat. Fangfrisch genießt man hier Grouper, Shrimps, Stone Crabs und ausgezeichnete Muschelgerichte. Dazu der tolle Ausblick über die Lagune von Coral Gables, das eine oder andere Glas Weißwein und schon befindet man sich im siebten Himmel …

Red Fish Grill
112 Ocean Dr
Tel. 305 532 8112

Tap Tap

Geboten werden hervorragende Gerichte aus der haitianischen Küche. Man sitzt umgeben von den farbenfrohen Werken karibischer Künstler.

Tap Tap
1065 Washington Ave
Tel. 305 672 2898

The Dutch

Starkoch Andrew Carmellini hat mit seinem Spitzenrestaurant ein bisschen New Yorker Flair nach Miami gebracht. Bekannt ist es für seine Austernspezialitäten, man sollte daher unbedingt eine der Austernplatten probieren, auf denen auch Venusmuscheln, Hummersalat, Ceviche und andere Leckereien angerichtet sind. Für Feinschmecker ein MUSS!

The Dutch
2201 Collins Ave
Tel. 305 938 3111

Austern sind die Spezialität des „The Dutch"

Versailles

Am Rande von Little Havana befindet sich das berühmteste kubanische Restaurant der Stadt mit dazugehöriger Konditorei, in der man einen hervorragenden Kaffee bekommt und angesichts der süßen Empanadas seine Diätvorsätze lieber auf die Zeit nach dem Urlaub verschieben sollte. Wer kubanische Küche liebt, MUSS hier einmal gegessen haben, sowohl die Fisch- als auch die Fleischgerichte sind ein Traum und gemessen an den sonstigen Preisen in Miami absolut fair.

Versailles
3555 SW 8th St
Tel. 305 444 0240

Yogen Froz

Bei den gesundheitsbewussten Amerikanern momentan extrem beliebt: Gefrorenes Joghurt statt Eiscreme. Damit es nicht ganz so spartanisch daherkommt, kann man sich natürlich allerhand Toppings drauf setzen lassen – die Auswahl ist enorm.

Der Frozen Yoghurt ist mittlerweile auch in Deutschland angekommen

Yogen Froz
328 Crandon Blvd
Key Biscayne
Tel. 305 365 5858

Zuma

Ein hochpreisiges, traumhaftes, japanisches Restaurant. Das Sushi ist ausgezeichnet, probieren Sie unbedingt den Thunfisch! Perfekter Service und wunderbares Ambiente, hier gibt es wirklich GAR nichts zu meckern.

Zuma
270 Biscayne Blvd Way
Tel. 305 577 0277

KULINARISCHE BESONDERHEITEN DER REGION

Im Süden Floridas wird „grits" (Brei aus Maisgrieß) angeboten, außerdem „gumbos" (Eintopf) oder Gazpacho (kalte Gemüsesuppe). Zu Fisch und Fleisch werden Salsas aus den unterschiedlichsten Obst- und Gemüsesorten gereicht. Und die berühmten, spanischen Tapas (gemischte Vorspeisen) werden gerne auch zwischendurch als Snack verspeist und erfreuen in vielen Bars zur Happy Hour kostenlos die Gaumen der Gäste. Zu den Tapas gehören unter anderem „fajitas", das sind scharf gewürzte, mit Paprika und Zwiebeln angereicherte Rindfleisch- oder Hühnerfleisch-Streifen.

Eine der beliebtesten Suppen Süd-Floridas heißt „Sopa de frijoles negros" (Suppe mit schwarzen Bohnen), „arroz con camaronez", so nennt man den Reis mit Shrimps und „arroz con pollo" nennt man den Safranreis mit Hühnchen und hinter dem „piccadillo" verbirgt sich ein pikanter falscher Hase mit Rosinen und Oliven.

Gerichte, die unseren Geschmacksnerven komplett fremd sind, gibt es in Florida abgesehen von Stone Crabs, Frosch-Schenkeln und Alligatoren-Schwänzen allerdings nicht. Wer einen Abstecher in die Everglades unternehmen möchte, sollte dieses Fleisch einmal probieren. Vom Aussehen her ähnelt es dem eines Huhns, geschmacklich würde man es am ehesten dem Rind zuordnen.

Florida ist weltweit bekannt als der beste Produzent von Orangen und Zitrusfrüchten. Man sollte die Gelegenheit also nutzen und so oft wie möglich frisch gepresste Orangensäfte zu sich nehmen. Wenngleich die eigentlichen Stars der Keys mittlerweile die kleinen, tiefgrünen Limetten sind, weil sie einfach unvergleichlich lecker und intensiv schmecken. Den besten Key-Lime-Saft in Flaschen findet man in jedem Supermarkt von Key West und unter der Bezeichnung „Nellie & Joe´s Key Lime Juice".

FLORIDA'S SPEZIALITÄTEN

Conch

Das Fleisch dieser Muschelart ist zäh, genießbar aber als conch chowder (Suppe) oder conch fritters (frittiert).
Conch Fritters: Stücke einer Muschelschnecke, die in einem Backteig getaucht und dann fritiert werden. Es gibt dazu allerlei leckere Soßen, in die man die Fritters eintauchen kann.

Escabeche

Häppchen aus rohem, mariniertem Seafood, meist Shrimps oder Tarponfisch.

Die Conch schmeckt nicht nur lecker, sondern sieht auch sehr schön aus

Flan

süßer Vanillepudding

Grouper

Seebarsch, oft fangfrisch als catch of the day serviert.

Key Lime Pie

gebackenes Dessert aus Eierschaum mit dem besonders aromatischen Saft der Key-Limetten.

Mojito

Der Cocktail, ein brandheißer Mix aus hellem kubanischem Rum, Limetten, Minze und Rohrzucker, soll der Lieblingscocktail von Ernest Hemingway gewesen sein und ist natürlich vor allem auf Key West zu DEM Kultgetränk geworden.

Mullet

Seebarbe, am besten im Ofen gebacken

Oysters

Unbedingt probieren, die Florida-Austern gelten als Delikatesse!

Palomilla

dünnes, kubanisches Rindersteak, welches mit Reis und schwarzen Bohnen serviert wird.

Red Snapper

Der Geschmack des Schnappbarsches bleibt am besten erhalten, wenn er im Ganzen, möglichst in einer Salzkruste, zubereitet wird.

Scallops

Jakobsmuscheln gibt es meist pan seared (kurz sautiert).

Shrimps

Garnelen, die in Miami aus dem Golf von Mexiko stammen.

Verzehrt wird das Fleisch der Scheren der Stone Crab

Stone Crab

Dieser nur zwischen November und April frisch gefangene Steinkrebs, eine Flusskrebsart, kommt traditionell mit Senfsauce auf den Tisch.

Tuna

Frischer Thunfisch, seine Liebhaber genießen ihn roh (Carpaccio, Sashimi) oder leicht angebraten (seared).

SHOPPING

Shoppen zu gehen ist in der Stadt der Reichen und Schönen ein echtes Event, zu dem man sich ordentlich in Schale wirft und sich mit Freunden in irgendeinem stylischen Café verabredet, um den neuesten Promi-Klatsch auszutauschen und natürlich, um sich gegenseitig die frisch erworbenen Schätze zu präsentieren. So warten zwischen den Shops etliche hervorragende Restaurants und Bars auf die müden Einkäufer, die mit unzähligen Tüten und Taschen herein strömen und sich erst einmal einen gesunden, frisch gepressten Energy-Drink genehmigen. Die Auswahl an Malls, Flaniermeilen und tollen Geschäften ist schier unbegrenzt und oft sind diese sowohl bei den Locals als auch bei den Touristen beliebten Shopping-Hotspots auch von Straßenkünstlern und Musikern frequentiert, so dass die Einkaufs-Touren zu einem Rundum-Vergnügen für Jung und Alt werden.

Nach einem Gespräch mit diversen Eltern pubertierender und shoppingbegeisterter Kids lautet das Resümee: Keiner unserer verwöhnten Knirpse kennt heute Namen wie Jackson Pollock oder de Chirico, aber sobald ein Calvin Klein, Hollister oder Abercrombie-Schild irgendwo auftaucht, bricht begeistertes Gekreische aus und die Youngsters sind kaum mehr zu halten. Weil Miami aber auch eine Hochburg für Kunst- und Kulturfreaks ist, bietet es sich an, den Kids einen Besuch bei Gap NACH dem Besuch des Museum of Contemporary Art in Aussicht zu stellen. Denn NUR schön ist doch auch nichts – oder?

Aventura Mall

Eine typische Mall im Stile einer Galerie, wie sie mittlerweile auch bei uns in allen größeren Städten zu finden ist. Hier im Norden Miamis gibt es alles, was Shopping-Freunde suchen: Von Nordstrom bis Bloomingdale´s über Victoria´s Secret, Lululemon, Aeropostale, Louis Vuitton, Cartier und mehr. Junge Leute freuen sich über Shops von Hollister und Abercrombie. Dazwischen mehrere Restaurants für die Stärkung zwischen den Shopping-Gängen. Das Schöne an dieser Mall: Diesmal ist tatsächlich für jeden Geldbeutel etwas dabei.

Aventura Mall
19501 Biscayne Blvd
täglich 10–20 Uhr

Bal Harbour Shops

In Bal Harbour, einem schicken Vorort nordöstlich von Miami, gibt es in dieser kleinen, aber feinen Freiluft-Mall eine Menge für Liebhaber edler Klamotten zu entdecken. Vertreten sind Luxus-Labels wie Gucci, Alexander McQueen, Jimmy Choo, Chanel, Dolce & Gabbana und Chloé. In den Shopping-Pausen speist man in Spitzenrestaurants, Fast Food kann man hier vergessen! Siehe auch S. 26.

Bal Harbour Shops
9700 Collins Ave
Mo.–Sa. 10–21 Uhr,
So. 12–18 Uhr

Bayside Marketplace

Diese Mall ist eigentlich eine Kombination aus Shopping Mall, Open-Air-Bühne, Food Court und Ausgangspunkt vieler Sight- seeing Touren in einem. Auch das berühmte Hard Rock Café ist hier zu finden und die berühmten Thriller-Boote fahren von hier ab. Fast den ganzen Tag über treten tolle Künstler auf, man sollte die Mall aber am besten abends besuchen, dann genießt man einen sensationellen Blick auf die Skyline und die Biscayne-Bucht.

Bayside Marketplace
401 Biscayne Boulevard
Mo.–Do. 10–22 Uhr,
Sa. 10–23 Uhr, So. 11–21 Uhr

Caribbean Marketplace

Farblich und von der Architektur her wurde dieses Einkaufs-Areal dem Iron Market von Port-au-Prince (Haiti) nachempfunden. Man bekommt die unterschiedlichsten Gewürze, Gemüse, exotisches Obst und tolle Souvenirs zu kaufen.

Caribbean Marketplace
5925 NE 2nd Ave

Cocowalk

Im Stadtbezirk Coconut Grove befindet sich der Cocowalk, das ist eine der schönsten Einkaufsmeilen der Stadt. Hier gibt es allerhand berühmte Marken wie beispielsweise Banana Republic, Victoria's Secret, Maui Nix, True Joy, GAP und Catch A Wave. Wer auf Promijagd ist oder einfach gerne „Peoplewatching" betreibt, sollte am Abend hierher kommen, dann ist die Promidichte am größten und man kann in den Restaurants die aufgestylten Schönen beobachten. Dies ist übrigens auch der beste Platz, um die Mode von Morgen begutachten zu können, denn viele Designerläden arbeiten mit bekannten Labels zusammen und probieren am Cocowalk aus, wie die Neuheiten bei den Fashionvictims ankommen.

Cocowalk
3015 Grand Ave
Coconut Grove
So.–Do. 10–22 Uhr,
Fr.–Sa. bis 23 Uhr,
Bars bis 3 Uhr morgens

Auch Victoria's Secret findet sich auf der Einkaufsmeile Cocowalk

Dadeland Mall

Über 180 Geschäfte, unter anderem Floridas größte Macy's Dependance und jede Menge Bars und Restaurants sind hier untergebracht. Junge Leute freuen sich über die Läden von Zara, Lucky Brand und Abercrombie & Fitch.

Dadeland Mall
7535 N Kendall Dr
South Beach
Mo.–Sa. 10–21.30 Uhr,
So. 11–19 Uhr

Design District

Dies ist genau die richtige Shopping-Gegend für Individualisten, Design-Freaks und Leute, die das Außergewöhnliche lieben. In kleinen Läden gibt es jede Menge Kunsthandwerk, Designer-Interieur und außergewöhnlicher Schnickschnack, den man Leuten schenkt, die schon alles haben. Was die großen Namen betrifft, so findet man hier außerdem Rolex, Tag Heuer, Loewe, Miu Miu, Versace, und Christian Louboutin.

Design District
3841 NE 2nd Ave
Mo.–Sa. 11–20 Uhr,
So. 12–18 Uhr

Dolphin Mall

Im Westen der Stadt befindet sich die größte Outlet Mall der Stadt, und was Designer-Klamotten betrifft, gibt es kaum einen besseren Ort. Nirgends kriegt man die sonst oft unbezahlbaren Labels so günstig wie hier, für Schnäppchenjäger also das reinste Paradies. Unter anderem zu finden: Calvin Klein, Michael Kors, Desigual, American Eagle Outfitters, Converse, Billabong und Tommy Hilfiger. Selbst das bekannte Nobelkaufhaus Bloomingdale's hat hier einen Outletstore! Am Abend geht es in eines der Kinos in der ersten Etage.

Dolphin Mall
11401 NW 112th St
Mo.–Sa. 10–21.30 Uhr,
So. 11–20 Uhr

Shopping in Miami ist ein besonderes Erlebnis

Española Way

Früher waren hier einmal die Freudenhäuser der Stadt zu finden, wovon heute allerdings nichts mehr zu spüren ist. Inzwischen ist die relative kleine Meile ein Mekka für Freunde italienischen Essens und hübscher, kleiner Geschäfte. Besser vorher die Speisekarte angucken, manche der Läden sind mittlerweile unverschämt überteuert!

Española Way
Zwischen 14th and 15th St
Washington und Jefferson Ave
Miami Beach

Lincoln Road

Im Zentrum von Miami Beach befindet sich die Lincoln Road, die sich mit den Querstraßen Collins und Washington Avenue zu einer einzigen, langen Einkaufsmeile mit etlichen begehrten Shops, Bars und Restaurants entwickelt hat. Vor allem junge Leute kommen hierher, um die riesigen Flagship-Stores von H&M, Zara und Forever21 zu besuchen. Die Klamotten in diesen Läden sind nicht nur supertrendy, sondern auch einigermaßen bezahlbar. Ebenfalls beliebt: der Levis-Store, „True Religion" und „7 for all Mankind".

Wer Badekleidung sucht, ist mit der Lincoln Road gut beraten und wird ganz sicher bei „Beach Bunny", „Bikini Village" oder „Runway Swimwear" fündig. Ansonsten sich einfach ins nächste Café setzen und die Leute in ihrem Kaufrausch beobachten – das kann äußerst unterhaltsam sein!

Und das Beste kommt zum Schluss: Jeden Sonntag gibt es einen Antiquitäten-Markt mit tollen alten Möbeln und schönen Schmuckstücken.

Lincoln Road
Zwischen Washington
und Alton Road

Miracle Mile

In kleinen und mittelpreisigen Geschäften gibt es hier alle möglichen Textilien, Lebensmittel, Haushaltswaren, Schuhe und Bücher. Auffällig ist die große Anzahl von Geschäften mit Heiratsmoden, in denen so gut wie jeder Heiratsgeschmack bedient wird, egal ob im afro-amerikanischen oder lateinamerikanischen Look. Klar, dass daneben gleich ein Juweliergeschäft zu finden ist, dazu jede Menge Nagelpflegestudios und Schönheitsstudios für den Rundumservice. Und wer wissen will, wie es läuft in der Ehe, kann beim Hand- und Kartenlesen einen Blick in die Zukunft erhaschen.

Tipp: Gute Happy Hour bei Tarpon Springs und Bulla!

Miracle Mile
Coral Way Ave und SW 42nd
Ave, zwischen SW 37th
Coral Gables

The Falls –
TIPP für Shopping-Muffel

Diese grandiose Mall mit über 100 Geschäften, Restaurants, Cafés und Bars ist eine der größten Open-Air-Malls Miamis und durchaus auch ein Tipp für Shopping-Muffel, die in der Pflicht sind, jemanden zu begleiten, selbst aber gar kein großes Interesse am Einkaufen haben.

Es macht einfach Spaß, durch die Wasserlandschaften mit ihrer üppigen tropischen Vegetation oder durch die Laubengänge zu schlendern oder in den Cafés die fleißigen Einkäufer zu beobachten. Zu finden sind Niederlassungen von Bloomingdales, Macy's, Gap und Victoria's Secret.

The Falls
8888 SW 136th St

BESONDERE LÄDEN

Armani Exchange

Ein toller Laden, der die neueste Armani-Kollektion vorstellt. Und das Schöne: Selbst wenn nichts passt oder gefällt – die jungen Verkäufer bleiben stets außerordentlich freundlich und hilfsbereit. Wie es sein sollte eben.

Armani Exchange
760 Collins Ave
Miami Beach

Base

In dem Concept-Store kriegt man alle „Must-haves" für einen trendbewussten Aufenthalt am Strand: Coole Klamotten, Sonnenbrillen, Schmuck, Magazine und natürlich ausgewählte CDs mit dem passenden Lounge-Sound.
Besonders die Kollektionen junger Modemacher sind einen Besuch wert, ebenso die tollen Pflegeprodukte, Accessoires, und Bücher.

Base
939 Lincoln Rd
Miami Beach

Books & Books

Ein wunderbarer, gut sortierter Buchladen, in dem vor allem englischsprachige Bücher angeboten werden. Manche Stores sind mit einem Café verbunden, in dem es köstlich nach frisch gebrühtem Kaffee duftet.
Zum Beispiel hier:

Books & Books
927 Lincoln Rd
South Beach

Dash

Superneuer und stylischer Laden der Kardashian Sisters, geboten werden Standardklamotten zu ganz und gar unstandardgemäßen Preisen. Die jungen Leute lieben es – warum auch immer!

Dash
668 Collins Ave

Frangipani – Wynwood-Viertel Lifestyle

Der Laden mit seinen duftenden Cremes und stylischen Wohnaccessoires, Papeterieartikeln, Klamotten und Büchern ist die reinste Augenweide. Wer ein

Mitbringsel sucht, wird hier ganz bestimmt fündig. Aber Achtung: Wer nicht rechtzeitig rauskommt, lässt vermutlich ein kleines Vermögen in dem wohlklingenden Geschäft, weil einem immer mehr Dinge einfallen, die diesem oder jenem noch gefallen könnten.

Frangipani
2516 NW 2nd Ave
Tel. 305 826 396

Gotta Have It!

Angeboten wird eine exklusive Auswahl an Memorabilia aus Rockmusik, Film und Sport. Perfekt für Autogrammjäger, die keine Promis getroffen haben.

Gotta Have It!
4231 SW 71st Ave
Coral Gables
Sa./So. geschlossen

Helium

Wer ein Mitbringsel sucht, ist in diesem netten Laden genau an der richtigen Adresse. Hier findet sich für jeden Geschmack etwas. Angeboten werden extravagante Designartikel in allen erdenklichen Farben und Formen, knallbunte Vasen, Kuchenplatten, Strandschlappen, Regenschirme, Salatschüsseln und vieles mehr.

Helium
760 Ocean Court
Tel. 305 538 4111

Macy´s

In fast allen Malls ist auch das traditionsreiche Kaufhaus Macy's vertreten, in Downtown gibt es aber auch einen eigenen Store, in dem man neben Kleidung und Haushaltswaren, Schmuck, Möbeln und Kosmetik auch Klamotten von Levi´s, Ralph Lauren, Calvin Klein usw. bekommt. Die Filiale in Downtown Miami hat montags bis samstags von 10 Uhr bis 20 Uhr geöffnet und sonntags von 11 Uhr bis 18 Uhr.

Macy´s
22 E Flagler St

The Americas Collection

In der renommierten Galerie, die zu den angesehensten der Stadt gehört, gibt es vor allem moderne lateinamerikansiche Kunst zu kaufen. Auch nur zum Gucken bestens geeignet!

The Americas Collection
214 Andalusia Ave
Coral Gables

The Webster

In dem ehemaligen Art-déco-Hotel befindet sich heute ein luxuriöser Concept Store. Das Angebot reicht von extravagantem Schmuck und tollen Accessoires bis hin zu edlen Klamotten von Chanel, Givenchy, Tom Ford und vielen weiteren angesagten Modedesignern.

The Webster
1220 Collins Ave
Tel. 305 674 7899

Osklen

Die edlen Teile dieses brasilianischen Labels kommen lässig und sportlich daher und sind genau die richtige Wahl für Menschen, die sich in ihrer Freizeit am liebsten draußen aufhalten und ein Faible für edle Materialien haben. Egal ob für Kletterer, Radfahrer oder Surfer – hier wird sicher jeder Outdoor-Fan etwas finden.

Osklen
1101 Lincoln Rd
Tel. 305 532 8977

Recycled Blues

Ein toller Laden für Leute, die in Sachen Mode den Vintage- und Retrolook lieben. Dort finden Individualisten ganz bestimmt etwas Ausgefallenes, das man auch bezahlen kann.

Recycled Blues
1507 Washington Ave

KONFEKTIONSGRÖSSEN

Kleider- und Schuhgrößen in Europa und Amerika

Damenmäntel, Kleider und Kostüme

USA	6	8	10	12	14	16	18	20
EU	34	36	38	40	42	44	46	48

Damenschuhe

USA	5,5	6	7	7,5	8,5	9
EU	36	37	38	39	40	41

Herrenmäntel und Anzüge

USA	34	36	38	40	42	44	46	48
EU	44	46	48	50	52	54	56	58

Herrenhemden

USA	14	14,5	15	15,5	16	16,5	17	17,5
EU	36	37	38	39	40	41	42	43

Herrenschuhe

USA	6,5	7	8	9	10	10,5	11	11,5
EU	39	40	41	42	43	44	45	46

GELDSPAR-TIPPS

Meat Market – Luxus für kleines Geld

Austern und Champagner nur was für Reiche? Quatsch! Im Meat Market in South Beach kostet das Glas Veuve Clicquot zur Happy Hour (jeden Freitag, 17 bis 20 Uhr) nur 10 Dollars, die frischen Austern pro Stück 2 Dollars. Kein Wunder, dass es hier am späten Nachmittag von wohlhabenden Menschen nur so wimmelt, denn von ihnen kann man das Sparen lernen. Bester Platz, um Leute zu beobachten!

Meat Market
915 Lincoln Rd
Tel. 305 532 0088

Kostenloses Boat-Watching

Vom Watson Island Park aus hat man eine ideale Aussicht auf den Kreuzfahrthafen, der zu den größten der Welt gehört. Hier kann man beobachten, wie die gigantischen Schiffe hereinkommen und wenden – ein wirklich sehenswertes Spektakel!

Sonnenbaden am Locals Beach

Sich unerkannt unter die Einheimischen mischen, das kann man am Südende von South Beach (kurz bevor es auf den neu angelegten Pier geht, der zum South Point Park führt). Hier befindet sich der so genannte „locals beach", wo sicn nach getaner Arbeit Kellnerinnen, Hotelangestellte, Taxifahrer und andere Leute treffen, die ihre Arbeit in den Dienst der Touristen gestellt haben.

Kostenlos durch grandiose Museen schlendern!

Viele Museen in Miami bieten an manchen Tagen kostenlosen Eintritt an. Es lohnt sich, die aktuellen Infos von den Webseiten der Museen ausfindig zu machen, dann kriegt man jede Menge spannende Exponate kostenlos zu Gesicht. Im Pérez Art Museum beispielsweise ist der Eintritt für Familien an jedem zweiten Samstag kostenlos und auch am ersten Donnerstag des Monats ist der Eintritt frei.

Grandiose Weltmusik für umme

Jedes Mal, wenn in dem neuen Konzertsaal des Miami Sinfonie-Orchesters ein Konzert statt findet, wird es an die Außenwände projiziert, so dass auch Menschen mit wenig Geld in den Genuss der Musik kommen.

Miami Symphony Orchestra
500 17th St
Tel. 305 673 331
www.nws.edu

Roomsaver

Gleich nach der Ankunft in Miami sollte man sich die Roomsaver-Broschüre besorgen, mit deren Hilfe man recht günstige Zimmerpreise bekommt. Auch hochpreisige Häuser bieten besondere Raten an. Alternativ kann man sein Zimmer über **www.hotelcoupons.com** buchen.

Hervorragend speisen für wenig Geld

Bei der jährlich stattfindenden Aktion „Miami Spice" im August oder September kostet ein mittägliches Drei-Gänge-Menü 23 Dollars, am Abend 39 Dollars. Die Preisaktion findet in mehr als 120 Restaurants statt. Darunter befinden sich sogar Top-Adressen wie beispielsweise das Versailles:

Astor Hotel,
956 Washington Ave
Alle „Spice"-Restaurants
sind hier zu finden:
http://ilovemiamispice.com

Museums-Rabatte im Mai

Der fünfte Monat ist in Miami die Zeit der Museums-Besuche. Dann locken viele Museen mit reduzierten Preisen oder mit dem Erhalt einer zweiten Karte beim Kauf von einer. Am besten schaut man sich auf der Museums-Webseite nach einem Coupon um, den man ausdruckt und beim Einlass vorzeigt.

Miami and the Keys Explorer Pass und „Go Miami Card"

Mit diesem Sightseeing-Pass kann man bis zu 40 Prozent der Eintrittsgelder sparen. Aus 24 Attraktionen und Touren kann man sich dann jene heraussuchen, die man nicht verpassen möchte. Mit insgesamt 30 Tagen Nutzungszeit ist das eine stressfreie Angelegenheit.

Eine weitere Sightseeing-Karte heißt „Go Miami Card". Mit ihr spart man im Vergleich zum Kauf der einzelnen Tickets bis zu 55 Prozent. Sie ist vor allem für Leute geeignet, die sich sehr viele Attraktionen in Miami ansehen möchten. Mit der Karte hat man eine Auswahl von vierzig verschiedenen Hotspots zu einem reduzierten Preis. Das Tolle an der Go Miami Card: Sie kann nur für einen oder mehrere Tage oder zwei Wochen erworben werden. Man aktiviert die Karte beim ersten Besuch einer Sehenswürdigkeit und hat dann vierzehn Tage Zeit, die restlichen Highlights der Stadt zu besichtigen. Zu kaufen gibt es sie unter anderem im Miami Beach Visitor Center.

Miami Beach Visitor Center
1001 Ocean Dr

Kostenlose Führungen durch den Design District

Ein Viertel mit Zukunft ist zweifelsohne der Design District neben dem schon etwas länger blühenden Wynwood Art District. Nach vielen Jahren der Umgestaltung entsteht hier zusehends ein Shoppingmekka für Kunden mit exklusivem Geschmack und dicker Geldbörse. Der Grund, warum es immer mehr Geschäfte hierher zieht, ist der Versuch, möglichst viele alte Straßen und Gebäude zu erhalten und so ein scheinbar gewachsenes Viertel zu schaffen. Auch bereits etablierte Kunstwerke im öffentlichen Raum werden erhalten wie zum Beispiel Buckminster Fullers „Fly's Eye Dome", ein Kunstwerk, das bereits während der Art Basel 2011 hier aufgestellt wurde. Weil sich allerdings viele Kunstwerke in Büros, Geschäften und Hotels befinden, die von der Öffentlichkeit kaum wahrgenommen werden, gibt es neuerdings zweimal im Monat kostenlose Führungen durch das Viertel. Anmelden kann man sich auf der Website:

www.miamidesigndistrict.net

Geld sparen beim Fahrradmieten

Die günstigste Möglichkeit, in Miami ein Fahrrad zu mieten, bietet das Bikesharing von Decobike. An über 70 Stationen stehen mehr als 1000 Fahrräder zur Verfügung, die für etwa 6 Dollars die Stunde zu haben sind. Wie das mit dem Bikesharing funktioniert, zeigt ein Film auf folgender Seite:

http://www.decobike.com/ miamibeach

Gebäude im Design District

BLOSS NICHT VERPASSEN!

Stone Crabs essen bei Joe

Als der ungarischstämmige Koch Joe Weiss 1913 nach Miami Beach kam, hat er wohl nicht geahnt, dass seine Imbissbude zu einer der berühmtesten der Welt avancieren würde. Den leckeren – übrigens nachwachsenden - Scheren der Taschenkrebse sei Dank! Wenn ab dem 18. Oktober die Krebs-Saison mit dem Coconut Grove Seafood Festival im Peacock-Park eingeläutet wird, stehen selbst die Promis Schlange, um einen Tisch in dem einfachen Laden zu ergattern. Klar, dass dieses kultige Restaurant komplett überbewertet ist, wie das immer so ist, wenn eine Sache en vogue ist. Denn soviel falsch machen kann man nun auch wieder nicht bei der Zubereitung der an sich schon leckeren Scheren. Man kann sie deshalb getrost in jedem anderen Laden auch genießen, zum Beispiel bei Billy`s Stone Crab, einem tollem Lokal mit einer herrlichen Aussicht auf den Intercoastal Waterway und das bekannt geworden ist für seine „All you can eat-Stone-Crab-Specials".

Joe
400 North Ocean Dr
Tel. 954 923 2300

Durch das Wynwood-Viertel schlendern

Open-Air-Kunst für alle bietet dieser vor Kreativität nur so strotzende Wynwood Art District. Für Streetart- und Graffiti-Freunde ein wahres El Dorado und natürlich auch für Hobbyfotografen, die hier grandiose Motive vor die Linse bekommen. Mit etwas Glück kann man Künstlern über die Schulter schauen, ein Muss sind die so genannten Wynwood walls zwischen der NW 25th und der NW 26th Street.

Spaziergang durch das Art-Déco-Viertel

Das Art-Déco-Viertel ist eines der größten Art-Déco-Areale weltweit und unbedingt sehenswert. Am besten unternimmt man eine geführte Tour, dann erfährt man neben historischen Fakten auch allerhand Anekdoten über das Leben und Leiden der Stars und Sternchen, die hier gelebt haben. Schließlich wollte man schon immer mal wissen, wo genau Gianni Versace umgebracht wurde oder Al Capone die wildesten Partys feierte. Die etwa 90-minütigen Spaziergänge starten täglich um 10.30 Uhr, donnerstags außerdem um 18.30 Uhr am Art Déco Welcome Center an der Ecke Ocean Drive/10th Street.

Thriller-Boat fahren

Direkt am Bayside Marketplace kann man in eines der Thriller-Boote einsteigen und eine 45-minütige Tour erleben, die es in sich hat. In rasendem Tempo geht es an Miamis Skyline vorbei und entlang der Häuser einiger bekannter Stars. Eine Tour, die wirklich Spaß macht!

Thriller Miami
Speedboat Adventures
401 Biscayne Blvd
Tel. 305 371 3278

In „Little Havana" Cuba Libre schlürfen

Die Nähe zu Kuba ist in Miami überall spürbar und am intensivsten natürlich in dem Viertel „Little Havana", das sich die kubanischen Einwanderer zueigen gemacht haben. Im Domino-Park kann man den hitzigen Gemütern beim Domino-Spielen zuschauen, was wirklich witzig ist. Selten hat man Leute gesehen, die so einfallsreich sind, wenn es darum geht, die gegnerischen Spieler einzuschüchtern, zu veräppeln oder anzufeuern. Abkühlen kann man sich gegenüber in der Eisdiele Azucar, die köstliches Eis aus eigener Herstellung anbietet.

„People Watching" am Ocean Drive

Einmal den berühmten Ocean Drive entlang zu schlendern oder leckere Cocktails aus riesigen Gläsern durch einen Strohhalm zu trinken, das gehört zweifelsohne ebenfalls zum Pflichtprogramm in Miami. Mit zunehmender Abendstunde verwandelt sich die Meile in eine laute Party-

Das Rathaus von Coral Gables wurde im spanischen Renaissance-Stil erbaut

zone, während die Besucher mit jeder Stunde schöner und die Karossen auf dem Autocorso immer teurer werden. Spektakuläre Muscle-Cars und Lamborghinis hauen hier niemanden mehr vom Hocker, da muss es schon ein McLaren F1 sein, damit die verwöhnten Szenegänger ihre Hälse recken. Dazu die laue Meeresbrise und die Palmen, die sich sanft zum Takt der Party-Klänge wiegen – einen besseren Spot für den Einstieg in eine wilde Nacht kann man nicht erfinden.

Coral Gables – ein glanzvolles Viertel

Praktisch eine eigene Stadt in der Stadt ist dieses Viertel der Reichen und Schönen, das in den goldenen Zwanzigern von George Merrick entworfen wurde.

Der Ästhet und seine kunstsinnige Frau erträumten sich eine elegante und ganz vom Geist der Kunst durchdrungene Stadt nach dem Vorbild der europäischen Städte jener Zeit. Würden sie noch leben, sie wären begeistert, wie sehr sich dieser Traum erfüllt hat, denn nicht umsonst wird Coral Gables heute „City Beautiful" genannt. Wer einen Eindruck vom Lebensstil der wohlhabenden Leute von Damals gewinnen möchte, der sollte sich einmal das Haus ansehen, in dem Georges Vater Salomon aufgewachsen ist.

Coral Gables Merrick House
907 Coral Way
Tel. 305 460 5361
www.coralgables.com
Mi. und So. 13–16 Uhr

Haiti-Viertel – Miami ganz anders

Während sich früher nur wenige Touristen aufgrund seines kriminellen Rufes in das Haiti-Viertel verirrten, gehört ein Bummel durch das exotische Viertel heute fast schon zum Pflichtprogramm. Das Herz von Little Haiti liegt an der NE 54th-Street zwischen NE Second und Miami Avenue. In dem aufstrebenden Viertel etablieren sich immer mehr neue Künstler, Vertreter der Indie-Musik und hervorragende Restaurants. So glamourös wie in anderen Stadtteilen Miamis geht es hier nicht zu, aber das Viertel hat durchaus seinen Charme. Wer auf der Suche nach neuer Musik ist, kann hier stundenlang in CD-Läden stöbern oder die berühmten Voodoo-Läden besuchen, in denen man allerhand Kuriositäten erwerben kann.

Sich unter die Locals mischen

Warum nicht mal ein paar schöne Stunden in fast touristenfreier Zone genießen. Dies kann man am besten am so genannten „locals beach" am untersten Ende von South Beach. Hierher kommen auch die Kellner und Bedienungen nach ihrem Job, denn hier „ist man unter sich".

Sich durch die kulinarischen Highlights futtern

Wer Kunst und gutes Essen gleichermaßen schätzt, sollte eine kulinarische Tour durch das Design Viertel in Wynwood buchen. Für 69 Dollars gibt es hier Galerien, Street Art und Leckereien in Hülle und Fülle. Für Fotofreunde ein absolutes Highlight, denn hier bekommt man Fotomotive zu sehen, in deren Genuss man ohne eine Führung gar nicht kommen würde. Ebenfalls sehr zu empfehlen ist eine kulinarische Führung durch Little Havana für etwa 59 Dollars: Geboten wird ein interessanter Streifzug über Miamis berühmte Straße „Calle Ocho", wo man sich durch die gesamte kubanische Speisekarte futtern kann. Man erfährt allerhand Wissenswertes über Little Havana und kriegt vom Guide noch Insidertipps, die man dann nach der Tour im Alleingang erkunden kann.

Blick auf Coconut Grove

Auch die kulinarische Tour durch South Beach kann man nur empfehlen. Wissensdurst und echter Hunger werden auf einer Wanderung durch den berühmten Art Deco Historic District aufs Beste gestillt. Von italienischem Essen über mexikanische Köstlichkeiten bis hin zum typisch amerikanischen Burger ist hier alles dabei. Für Leute mit einem Faible für Süßspeisen empfiehlt sich die zweieinhalbstündige „Dulce Vida South Beach Dessert Tour". Auf einem interessanten Spaziergang durch South Beach geht es in fünf verschiedene Restaurants, in denen köstlichste Nachspeisen geboten werden. Die Kostproben stammen aus der kubanischen, peruanischen, italienischen, türkischen und argentinischen Küche.

Zu buchen beispielsweise hier:
Miami Food Tours
Tel. 786 361 0991
www.miamifoodtours.com

Coconut Grove & Umgebung

Coconut Grove besteht bereits seit 1750 und ist damit die älteste Gemeinde in Miami. Das Zentrum liegt an der Kreuzung Grand Avenue, McFarlane und Main Highway. Während das Viertel, das sich ein ganz eigenes, gemütliches Kleinstadtambiente bewahrt hat, in den 1960er Jahren ein beliebter Treff von Hippies und Aussteigern war, avancierte es in den Jahrzehnten danach immer mehr zu einem schicken Einkaufs- und Amüsierviertel mit etlichen kleinen Geschäften, Bars und Restaurants.

The american way of life: Mindestens ein Sport-Event MUSS man erleben!

Um einmal zu erleben, wie die Amerikaner ihre freien Wochenenden verbringen, sollte man sich unbedingt ein öffentliches Sport-Event zu Gemüte führen. Beispielsweise ein Baseballspiel im Marlins Park mit Blick auf Miamis Skyline oder noch besser ein Basketballspiel der Miami Heat. Die Stimmung ist einfach gigantisch! Es macht einfach Spaß mit anzusehen, wie hier gegessen, getrunken und gefeiert wird. Dementsprechend groß ist das kulinarische Angebot. Langeweile kommt jedenfalls nicht auf, da ist es ganz egal, dass man die Spielregeln nicht gleich kapiert wie es beispielsweise bei einem Baseball-Spiel der Fall ist. Alleine die Atmosphäre ist einen Besuch wert!

Downtown – das IN-Viertel von morgen

Noch vor kurzer Zeit war Downtown Miami eine Gegend, die von Touristen eher gemieden wurde. Heute avanciert das Viertel immer mehr zu DEM Insidertipp für Miami-Touristen. In den letzten Jahren haben sich immer mehr angesagte Restaurants, Bars, Hotels und Clubs um den Bayside Marketplace etabliert und auch viele Museen, Theater und schöne Parks sind hier zu finden.

Airboat – eine Tour mit einem echten Miccosuke Indianer in die Everglades

Tierschutz wird in unserem Verlag groß geschrieben, deshalb gibt es hier auch nur Tipps, die dahingehend absolut lupenrein sind. Der Anbieter dieser Tour in die Everglades hat es uns da leicht gemacht, denn das Motto scheint „back to the roots" zu sein. Die Fahrt von Miami aus dorthin beträgt allerdings zwischen 40 und 60 Minuten bis in das Miccosukee Indianer Reservat, die sich aber wirklich lohnen! Schon die rasante Fahrt auf dem nie überfüllten Airboat macht richtig Spaß, vor allem, wenn man einen Platz ganz vorne ergattert hat. Das traditionelle Familienunternehmen wurde von

William Buffalo Tiger gegründet und schon von Anfang an waren es Mitglieder des Indianer-Stammes, von denen die Besucher mit großer Umsicht und noch größerem Wissen durch die Everglades zu den Alligatoren geführt wurden. Man merkt es den Guides sofort an, dass sie etwas von den Tieren verstehen. Die meisten können perfekt den Ruf der Alligatoren-Weibchen nachahmen, was natürlich die männlichen Tiere scharenweise anzieht. Wer möchte, kann die Alligatoren sogar berühren, doch so possierlich sind sie dann für die meisten Besucher doch wieder nicht! Eine tolle Tour, die man wirklich empfehlen kann. Auch der Preis ist absolut in Ordnung!

Buffalo Tigers Fl Everglades
29701 SW 8th St
Tel. 305 559 5250
www.buffalotigersfl
evergladesairboattours.com

Mit dem Airboat geht es durch die Everglades

DIE EVERGLADES

Das gefährdete Paradies

Die größte subtropische Wildnis der USA bietet einen Lebensraum für eine Vielzahl an unterschiedlichen Tierarten. Insgesamt sind 350 verschiedene Vogel-, 300 Süß- und Salzwasserfisch-, 40 Säugetier- und 50 Reptilienarten in den Everglades nachgewiesen. Das marine Ökosystem bietet einen Lebensraum für Delfine, Haie und Manatis, über allem segeln erhaben die Fischadler. In den dichten Mangroven ist außerdem eine endemische Unterart der Weißwedelhirsche zu finden. Es sind die kleinsten Hirsche Nordamerikas, gerade mal so groß wie ein Schäferhund. Auch der bekannte Florida-Puma ist vom Aussterben bedroht und wird nur noch selten in den Everglades gesichtet, der aktuelle Bestand wird auf etwa 100 Tiere geschätzt.

In dem Park leben zudem die einzigen wildlebenden Flamingos in den USA. Daneben gibt es an Vögeln noch eine Reihe Watvögel sowie Pelikane, Störche, Komorane und Ibisse. Auch Waschbären, Schwarzbären, Schlangen, Alligatoren, Spitzkrokodile, Seekühe, verschiedene Spinnenarten, Pumas und Schildkröten teilen sich den Lebensraum in den Everglades. Interessant ist, dass dies die einzige Region der Welt ist, in der sowohl Krokodile als auch Alligatoren leben. Das Füttern der Alligatoren ist übrigens verboten und wird mit hohen Geldstrafen belangt.

Ein Teil des Marschlandes ist geschützt und zählt seit 1979 zum UNESCO-Weltkulturerbe. Leider steht es seit 2010 auch auf der so genannten Roten Liste und gilt somit als akut gefährdet. Ehemals lebten unzählige Säugetiere im Herzen der Everglades, doch wurden diese von einer eingeschleppten Art fast vollständig ausgelöscht: Terrarienbesitzer setzten ihre Tigerpythons in dem Gebiet aus, worauf sich diese Schlangenart mangels natürlicher Feinde ungehindert verbreiten konnte. Ein weiteres Problem: Das Wasser der Everglades wird zum Teil zur Trinkwassergewinnung für die angrenzenden Städte, beispielsweise für Miami, verwendet. Dadurch wird den Everglades die lebensnotwendige Grundlage entzogen. Der Nationalpark schützt zwar den südlichen Teil der Everglades, aber er erstreckt sich nur auf etwa 20 Prozent der Fläche der ursprünglichen Feuchtgebiete und so müsste das Schutzgebiet deutlich ausgeweitet werden.

Die Everglades werden auch Grasfluss genannt. Auf den ersten Blick ist dieses mit 1 Meter pro Stunde fließende Gewässer nicht als Fluss zu erkennen, da er nur selten als offene Wasserfläche zutage tritt. Diese bis zu 60 Kilometer breite Wasserader ist oft nur einige Zentimeter tief, so dass fast die gesamte Fläche von Gras bewachsen ist. Nur in den etwas erhöhten Gebieten wachsen gelegentlich Bäume wie beispielsweise Gumbo-Limbo-Bäume, Sumpfzypressen, Königspalmen und Mahagonibäume.

Der einzige Zugang zum Nationalpark führt von Florida City nahe Homestead über die Sta-

Sonnenuntergang in den Everglades

Ausgewachsene Alligatoren können bis zu 6m lang und 450kg schwer werden

te Road 9336 rund 60 Kilometer Richtung Südwesten nach Flamingo. In Flamingo und an mehr als 40 weiteren ausgewiesenen Plätzen darf gecampt werden. Es existiert eine Reihe ausgebauter Wege, von denen aus man die Natur und die Tiere gut beobachten kann. Besonders berühmt für ihren Tierreichtum sind das Shark Valley - zweigt vom Highway 41 ca. 35 Kilometer von Miami nach Süden ab - und der Anhinga Trail, 1 Kilometer links nach dem Parkeingang auf der State Road 9336 – benannt nach dem gleichnamigen Vogel Anhinga. Von diesem Trail aus kann man auch sehr gut Kormorane, Alligatoren, riesige Fische und Schildkröten aus nächster Nähe beobachten. Ganz wichtig für den Besuch der Everglades ist die Mitnahme von Mückenabwehr-Mitteln, Kopfschutz (am besten mit Mücken-Netz), hellen, langärmlichen Shirts und Hosen und für Camper natürlich ein Mosquito-Netz. Wer all dies nicht dabei hat, ist ein willkommenes Fressen für die gierigen Stechmücken!

EVENTS

Feste

www.miami.eventguide.com
www.miamiandbeaches.com

Januar

Three Kings

Am Dreikönigstag kann man diverse, von Musik-Kapellen begleitete Umzüge In Little Havanna erleben. Am Abend wird im kubanischen Viertel ausgelassen gefeiert.

Art Decó Weekend Festival

An diesem Wochenende gibt es besondere Führungen durch das Art-Decó-Viertel und jede Menge Film-, Tanz- und Musikvorführungen. Außerdem wird eine Oldtimershow geboten, am Samstag findet ein Umzug statt.

  Art Decó Weekend Festival
  www.mdpl.org

Art Miami und Beaux Arts Festival

Hier dreht sich alles um den Kunstgenuss.

  Art Miami
  www.artmiami.com

Homestead Championship Rodeo

Sollte man einmal erlebt haben, die Stimmung ist grandios!

  Homestead
  Championship Rodeo
  www.homesteadrodeo.com

Key Largo Stone Crab & Seafood Festival

Auf den Florida Keys werden etwa 40 Prozent aller Florida Stone Crabs gefangen. Nicht verpassen sollte man daher das größte Fest der Saison, nämlich das Ende Januar oder Anfang Februar stattfindende Stone Crab Festival. Hier kann man sich nach Herzenslust durch alle Varianten der Zubereitung futtern oder an Koch-Workshops teilnehmen.

Februar

Miami Romance Month

Einen ganzen Monat lang wird

„Romantik" groß geschrieben und viele Restaurants, Geschäfte und Hotels bieten Besonderheiten und spezielle Packages an.

Miami Romance Month
www.miamiandbeaches.com

Big Orange Music Festival

Alles dreht sich hier um die amerikanische Musik. Überall finden Umzüge, Wettbewerbe, Konzerte und Open-Air-Events statt. Zu dieser Zeit kann man jede Menge Größen der Musikszene in Miami antreffen.

Miami International Boat Show

Am Miami Beach Convention Center werden die neuesten Bootsmodelle präsentiert.

Miami International
Boat Show
www.miamiboatshow.com

South Beach
Wine & Food Festival

Die exzellente Küche Miamis erfährt man am besten während des Schlemmer-Festivals. Dann geben sich in den angesagten Restaurants der Stadt die Creme

Auf der Miami International Boat Show kann man Luxusyachten bewundern

de la Creme der Spitzenköche die Klinke in die Hand und in den Küchen wird gebrodelt, gedünstet und gebraten, was das Zeug hält. Absoluter Gewinner dieser prestigeträchtigen Wettbewerbe zwischen Messingtöpfen und hauchzartem Porzellan sind hier zweifelsohne die Gaumen der geneigten Testesser und Menükartenschreiber von morgen. Wer in der Branche mitreden und die Trends von morgen auskundschaften möchte, sollte sich an diesem Wochenende ein mehrgängiges Menü in einem der Gourmet-Tempel der Stadt gönnen. Auch in Sachen Wein gibt es jede Menge Neues zu entdecken wie etwa beim Wine Spectator Trade Day. Wer möchte, kann sich in Sachen Weinkultur weiter bilden und ein Seminar besuchen. Andere nehmen das Festival zum Anlass, sich mit ihren Kombi-Tickets durch die gesamte Bandbreite kulinarischer Kostbarkeiten zu futtern. Wer abends in einem der vielen sterneverdächtigen Lokale speisen möchte, sollte

früh genug reservieren. Zum Beispiel hier: Betsy Hotel, Country Club Ballroom und Granada Ballroom im Hotel Biltmore, Delano, Design District Miami, Eos im Viceroy Miami, Fontainebleau Miami Beach, Gansevoort South, Joe's Stone Crab Miami Beach, Jungle Island, Loews Miami Beach Hotel, Red The Steakhouse, Ritz-Carlton South Beach, Sagamore, Scarpetta at Fontainebleau, Setai Hotel, The Villa by Barton G.

Ende Februar/Anfang März

Fest der Latinos

„Carnaval Miami International", so heißt das neun Tage andauernde Fest genau, das in Little Havana stattfindet und Konzerte, Paraden, Wettkämpfe und zum Ende hin ein spektakuläres Straßenfest für seine Besucher bereit hält. Tausende von Besuchern bevölkern dann die Calle Ocho zwischen der 4th und 17th Aveue und genießen Musik und Tanz, Vorführungen und kubanisches Essen.

März

Miami Open
Intenationales Tennis-Turnier.

Miami Open
www.miamiopen.com

Oktober

Halloween in Miami
Anhänger der morbiden Party-Kultur dürfen sich freuen, wenn sie im Oktober in Miami sind, denn dann wird hier Halloween gefeiert. Die ganze Stadt befindet sich an Halloween im Ausnahmezustand, überall lauern Vampire, Skelette, Zombies und andere Untote. Für schwache Nerven ist das nichts und Kinder würde ich an Halloween auch ungerne außer Haus mitnehmen. Übrigens: Nur an Halloween ist es erlaubt, auf den Straßen Alkohol zu trinken.

Dezember

Art Basel Miami Beach
Die Schwesterveranstaltung der berühmten Art Basel aus der Schweiz ist die wichtigste Kunst-Veranstaltung in den USA. Aus mehr als 250 ausgesuchten Kunstgalerien aus Nordamerika, Europa, Asien und Afrika werden Kunstwerke aus dem 20. und 21. Jahrhundert gezeigt.

Art Basel Miami Beach
www.artbaselmiamibeach.com

Miami Marathon
Sport wird groß geschrieben in der Stadt der Schönen und Reichen, das ist klar. Kein Wunder, dass sich zum Marathon und Halbmarathon jedes Jahr Tausende von Läufern anmelden. Nebenbei gibt es eine riesige Gesundheits- und Fitness-Messe im Miami Beach Convention Center.

Miami Marathon
Tel. 305 278 8668
www.themiamimarathon.com

WISSENSWERTES VON A–Z

Alligatoren

kann man in Miami und auf den Keys auch mal in einem Wohngebiet antreffen. Unter Naturschutz stehen die imposanten Tiere schon seit den 60er Jahren, so dass sie sich auf den Keys ungehindert verbreiten können und nicht selten private Pools ansteuern, wenn es um eine schnelle Erfrischung geht. Die Behörden verlangen einen Sicherheitsabstand von mindestens fünf Metern zu einem Alligator, da bleibt nur zu hoffen, dass auch der Alligator sich an diese Regelung hält. Denn ungefährlich ist ein Kontakt in freier Wildbahn nicht, vor allem vor wütenden Weibchen sollte man sich in acht nehmen. Die werden sehr schnell aggressiv, wenn es um ihre Babys geht.

Wer also zufällig das niedliche Piepsen frisch geschlüpfter Alligatoren-Babys vernimmt, sollte auf ein Fotoshooting verzichten und stattdessen die Beine in die Hand nehmen. Denn mit Sicherheit lauert ganz in der Nähe die Mutter und die macht keine Unterschiede zwischen Tierfreunden oder fiesen Handtaschen- und Gürtelherstellern. Ihr klitzekleines Gehirn, das nur 0,08 Prozent ihrer Körpermasse ausmacht, kann gar nicht anders, als gleich die gewaltigen Muskeln spielen zu lassen und im schlimmsten Falle die Kiefer zum Einsatz zu bringen, die immerhin einen Druck von bis zu 206 bar ausüben können. Wie bei den Menschen ist die Kombination „viele Muckis, wenig Hirn" mit äußerster Vorsicht zu genießen.

Alkohol

Obwohl gerade in Party-Städten wie Miami und Key West dem Alkohol ordentlich zugesprochen wird, sind die Verkaufsgesetze bezüglich alkoholischer Getränke ziemlich streng. Wer unter 21 Jahren ist, kriegt nicht einmal eine Dose Bier im Geschäft und das öffentliche Mitführern von Flaschen und angebrochenen Dosen ist nur erlaubt, wenn der gute Tropfen von einer Tüte umhüllt ist.

Ärztliche Versorgung

Krankenwagen, Feuerwehr und die Polizei können unter der Notrufnummer 911 erreicht werden. Es empfiehlt sich für alle Fälle, noch in Europa eine Auslandskrankenversicherung abzuschließen. Die kostet nur ein paar Euro, kann aber im Ernstfall ein finanzielles Desaster abwenden, wenn beispielsweise eine aufwändige Operation vonnöten ist oder besonders teure Untersuchungsmaßnahmen. Behandelt wird man als europäischer Besucher wie ein Privatpatient, zumindest was die Rechnungen anbetrifft. Die müssen nämlich entweder gleich in bar oder per Kreditkarte bezahlt werden.

Anders als in Deutschland findet man viele Medikamente in den Drogerien und Supermärkten. Selbst starke, verschreibungspflichtige Schmerztabletten bekommt man hier ohne Rezept. Die Angestellten in den Drugstores kennen sich in der Regel gut aus, was die Medikamente betrifft.

Ankommen und weiter

Die Anreise erfolgt in der Regel mit dem Flieger, der auf dem Miami International Airport landet **(MIA, Tel. 305 876 7000, www.miami-airport.com)** Wer sich in einem der größeren Hotels eingebucht hat, wird einen der kostenlosen Shuttlebusse dieser Hotels nehmen, die regelmäßig hin- und herpendeln. Für 11 Dollars kann man sich in einen Bus von Super Shuttle setzen, der alle wichtigen Ziele im Großraum Miami ansteuert. Alternativ gibt es den Airport Flyer Metrobus – kurz Beach Flyer genannt –, der die Touristen für ein paar Dollars nach Miami Beach kutschiert. Für diese muss man dann allerdings schon Geld gewechselt haben und das Kleingeld möglichst passend haben.

An Werktagen kommt man auch mit dem Metrobus fast überall hin, der ebenfalls nur wenige Dollars kostet und mit der so genannten Easy-Card oder bar bezahlt wird. Touristen, die nach dem langen Flug einfach nur noch ins Hotel oder ab an den Strand wollen, nehmen sich am besten ein Taxi, das an jeder Ankunftshalle zu finden ist. Fragen Sie am besten nach einer Flatrate, damit kommt man weit günstiger als mit der Abrechnung per Taxamater. Die Flatrate vom Flughafen nach Miami Beach kostet beispielsweise um die 35 Dollars.

Wer ohne Wagen unterwegs ist und gleich nach Key West weiter möchte, bucht sich am besten schon von zuhause aus ein Ticket mit dem Greyhoundbus (www.greyhound.com). Einen Terminal gibt es am Flughafen.

Von Miami nach Key West – mit dem eigenen Wagen

Um dem Stadtverkehr von Miami zu umgehen, fährt man auf der Autobahn I-95, I-75 oder FL-836 zum Florida Turnpike und auf diesem in Richtung Süden zum Overseas Highway (270 km, knapp 3,5 Stunden Fahrzeit). Die Strecke über den Turnpike ist mautpflichtig Die Maut wird nur noch elektronisch erhoben, daher haben die gängigen Mietwagenanbieter verschiedene Lösungen im Angebot (z.B. den „Sunpass"). Eine alternative Strecke nach Key Largo bietet die Card Sound Road.

Behinderte

Für körperlich Behinderte ist die Reise nach Florida überhaupt kein Problem. Auch fast alle National Parks sind so weit wie möglich behindertengerecht ausgebaut. Überall gibt es eigene Parkplätze, neben Treppen befinden sich fast immer Rampen für Rollstuhlfahrer und auch die Toiletten sind entsprechend ausgerüstet. In Motels und Hotels sollte man bei der Buchung immer gleich die Behinderung angeben, dann wird fast immer ein behindertengerechtes Zimmer zur Verfügung gestellt.

Camping

Camping ist nicht zu vergleichen mit Campen in Europa. Es existiert ein gut ausgebautes Netz an Campingplätzen mit vollem Service (Strom- und Wasseranschlüsse für Wohnmobile etc.). Bedeutend schöner und auch preisgünstiger ist das Campen in den National Parks. Dort sind die Plätze gigantisch groß mit ausreichend Abstand zum Nachbarn, meistens mit Aussichtslage oder im Wald gelegen und mit Tischen, Bänken und Feuerstellen ausgestattet.

Camping in Key West

Der schönste Campingplatz befindet sich ein wenig abseits von Key West im gut ausgestatteten Sugarloaf Key Resort Campground am Strand mit Bootsanleger.

Sugarloaf Key Resort
Campground
Bei Mile Marker 20
Tel. 305 745 3549
Ab 50 US$

Näher an Key West liegt Boyd's Key West Campground auf der vorgelagerten Stock Island mit einigen Stellplätzen direkt am Wasser und einem Swimming-Pool.

Boyd's Key West Campground
Maloney Avenue, bei MM 5
südlich in 3rd Street abbiegen
Tel. 305 294 1465

www.boydscampground.com
Ab 55 US$

Die allerkürzeste Entfernung nach Key West bietet

Leo's Campground
Mile Marker 4,5
Tel. 305 296 5260
Ab 39 US$ Nebensaison

Einkaufen

Die Ladenschlusszeiten sind in den USA absolut touristenfreundlich. So kann man vielerorts nach langen Strandtagen noch bis zum späten Abend durch die Shopping-Malls schlendern und in den Supermärkten bis 22.00 Uhr einkaufen. Viele Malls sind sogar am Sonntag bis 18.00 Uhr geöffnet. Besonders beliebt, weil preiswerter als im deutschsprachigen Raum sind Dinge wie Computer- und Fotozubehör, Parfüm, Kosmetik, Sport- und Modeartikel. Bei allen Waren wird eine Umsatzsteuer (sales tax) von 6% bis 7% zum ausgewiesenen Preis addiert, Hotels besteuern zurzeit mit 12.5%.

Einreisebestimmungen

Die Einreise in die USA ist auf den ersten Blick ziemlich frustrierend, denn die drastischen Sicherheitsvorschriften seit dem berühmt-berüchtigten 11. September machen die Vorbereitungen zu einem bürokratischen Akt. Außerdem hat das Flugaufkommen in die USA im Laufe der Jahre deutlich stärker zugenommen als die personelle Besetzung der Einwanderungsbehörde, was zur Folge hat, dass es zu Stoßzeiten zu erheblichen Wartezeiten (bis über 1 Stunde) kommen kann. Insbesondere auf folgende Dinge ist zu achten: der Reisepass muss maschinenlesbar und noch mindestens 6 Monate gültig sein, ansonsten ist vorab ein Visum zu besorgen. Kinder und Kleinkinder benötigen ebenfalls einen Reisepass und es reicht nicht mehr, wenn Sie im Reisepass der Eltern eingetragen sind oder einen Kinderausweis vorweisen können.

Am 12. Januar 2009 haben die Vereinigten Staaten die Einreiseformulare von Papierform auf das elektronische, internetbasierte System „Electronic System for Travel Authorization (ESTA)" umgestellt. Alle Staatsangehörige von VWP-Ländern (darunter Deutschland) sind verpflichtet, bis spätestens 72 Stunden vor Reiseantritt per Flugzeug oder Schiff in die Vereinigten Staaten eine so genannte ESTA-Genehmigung einzuholen. Andernfalls ist zu befürchten, dass die Fluggesellschaften die Reisenden von der Beförderung ausschließen. Das elektronische Reisegenehmigungssystem (ESTA) ist über das Internet zugänglich unter

https://esta.cbp.dhs.gov/

Die Gebühr für dieses Esta-Verfahren wird ebenfalls online eingezogen.

Fahrradverleih Miami

Die Wege auf der vorgelagerten Urlaubsinsel lassen sich am bequemsten mit dem Fahrrad bewältigen. Am kilometerlangen Sandstrand eignet sich ein stilechter „Beach Cruiser". Verleiher geben die Räder mit ausladendem Lenker und breitem

Sattel neben anderen Modellen stunden- oder tageweise (ca. 24 Dollars) ab, z.B.

www.bikeandroll.com
www.bikemiamibeach.com

Stationen des kommunalen
Fahrrad-Verleihs:
www.decobike.com

Fahrradverleih Key West

Auch diese Insel lässt sich am einfachsten mit dem Rad erkunden. Verleiher gibt es an jeder Ecke, hier die wichtigsten Adressen:

We Cycle
Key West Bike Rental
5160 US-1
Tel. 305 292 3336
täglich bis 17 Uhr

Eaton Bikes
830 Eaton St
Tel. 305 294 8188
täglich bis 12 Uhr

Bike Man Bike Rentals
1319 Duval St
Tel. 305 587 1783
täglich bis 19 Uhr

FEIERTAGE

1. Januar:	New Year´s Day
3. Montag im Januar:	Martin Luther King J Birthday
3. Montag im Februar:	Washington's Birthday
letzter Montag im Mai:	Memorial Day
4. Juli:	Independence Day
1. Montag im September:	Labor Day
2. Montag im Oktober:	Columbus Day
11. November:	Veteran's Day
4. Donnerstag im November:	Thanksgiving Day
25. Dezember:	Christmas Day

Dieser Fischer freut sich über seinen üppigen Fang

Fernsehen in Florida

Wer auch im Urlaub nicht auf Nachrichten aus der Heimat verzichten möchte, kann sich bei der „Deutschen Welle" einen guten Überblick verschaffen. Man sollte es sich allerdings nicht nehmen lassen, auch einmal die regionalen Nachrichten vor Ort anzuschauen. Das hilft, die Mentalität der Amerikaner zu verstehen.

Zum Pflichtprogramm gehört der Weather-Channel, vor allem zur „Hurrican-Zeit" zwischen Juni und November, denn dann wird Florida von Tropenstürmen heimgesucht, von starken Regenfällen und daraus folgenden Erdrutschen.

Fischen

Nirgends auf der Welt gibt es derart viele Weltrekordfänge als auf den Florida Keys. Für begeisterte Hochseeangler empfiehlt sich das Mieten einer Charteryacht mit einem Guide, der sich nicht nur in den Gewässern auskennt und die volle Ausrüstung besitzt, sondern auch über die staatlichen Fanglizenzen für Besucher verfügt. Wer lieber in seichteren Gewässern angelt, kann sein Glück auch auf der Golfseite in den so genannten „Flats" probieren. Die Gewässer sind so fischreich, dass kaum ein Angler ohne Beute nachhause kommen wird.

Flughafen Key West (EYW)

Der Flughafen von Key West (EYW) ist mit regulären Linienflügen von verschiedenen amerikanischen Städten aus erreichbar. Der Flug ist zwar nicht ganz billig, aber von Miami aus kommt man dafür ruckzuck auf die Insel.
Am Flughafen gibt es Taxis und Shuttlebusse.

Flughafen Key West (EYW)
3491 S Roosevelt Blvd
Tel. 305 809 5200

Flüge

Wer ein bisschen Planungszeit hat, kann bei der Flugbuchung eine Menge Geld sparen. Zu empfehlen ist ein Direktflug mit der Lufthansa. Etwas günstiger kommt man meist mit der British Airways nach Miami, allerdings dann mit Zwischenstopp in London. Wer zeitlich flexibel ist, kann außerdem versuchen, seinen Flug über eine der vielen Flugsuchmaschinen im Internet zu buchen. Außerhalb der Ferienzeiten kriegt man dort fast immer Flüge zu Schnäppchenpreisen.

www.fluege.de
www.momondo.de
www.skyscanner.de

Fremdenverkehrsämter

Miami

Convention and Visitors Bureau
Suite 2700, 701 Brickell Ave
Tel. 305 539 3000
www.MiamiandBeaches.com
Mo.–Fr. 8.30–18 Uhr

Key West

Chamber of Commerce
402 Wall St
Tel. 305 294 2587
www.keywestchamber.org

Geografische Lage

Die Florida Keys bestehen aus einer Kette von über 200 Koralleninseln mit einer Gesamtlänge von über 290 km. Sie liegen vor der Südspitze der Halbinsel Florida zwischen dem Atlantischen Ozean und dem Golf von Mexiko.
Key West ist nicht nur südlichster

Punkt dieser Inselgruppe, sondern auch südlichster Punkt der USA. Von dort sind es nur knapp 90 Meilen bis nach Kuba.

Miami liegt im Süden Floridas an der Ostküste des Bundesstaates. Orlando liegt 360 km, Tampa 420 km, Jacksonville 540 km und Tallahassee 760 km von Miami entfernt.

Handgepäck

Seit 28.02.2005 dürfen keine Feuerzeuge mehr im Handgepäck oder im Koffer mitgeführt werden und auch keine Flüssigkeiten, denn schließlich könnte sich Sprengstoff darin befinden. Was das Handgepäck betrifft, sollte man sich vorher bei der Airline erkundigen. Am besten transportiert man im Handgepäck kein teures Parfüm oder Kosmetikartikel, falls man seine Sachen doch am Check-In lassen muss.

Infos: Eine tolle Website mit den aktuellsten Infos zu Florida bietet

www.floridasunmagazine.com

In Köln befindet sich außerdem die Agentur Get it Across Marketing & PR, eine Agentur, die unter anderem die Florida Keys in Deutschland promotet. Auf der Webseite finden sich auch immer wieder interessante News zu den Keys. Außerdem kann man Informations-Material anfordern, die Leute dort sind extrem nett und hilfsbereit.

Get it Across Marketing & PR
Neumarkt 33, 50667 Köln
Tel. 0221 476 7120
info@getitacross.de
www.getitacross.de

Internet

Für mobiles Internet in den USA empfiehlt sich eine Prepaid UMTS Datenkarte, die es zum Beispiel von AT&T gibt (gute Netzabdeckung). Am besten lässt man sich die SIM-Karte im Geschäft gleich aktivieren, die Karte ist dann nach etwa 10 Minuten einsatzbereit. Fragen Sie nach „Tarif GoPhone data-only for tablets", hier bezahlt man US$ 75 für 8 GB Daten (jede weiteren 2 GB kosten US$ 10) – die SIM Karte dazu ist kostenlos.

Dank ständig sinkender Preise ist das mobile Surfen über den Surfstick oder Mini-WLAN-Router beliebter denn je. Mit einer Prepaid-Datenkarte, mit der man günstig auch größere Datenmengen übertragen kann, umgeht man die Roaming-Gebühren des Heimatlandes. Ein Vertragsabschluss ist dazu nicht notwendig, man bezahlt eine feste Summe vorab, die man dann in Form von GB (Übertragungsvolumen) in einem bestimmten Zeitraum verbrauchen kann. Wer auch in den USA auf seiner bekannten Nummer erreichbar sein will, kann sich einen mobilen MiFi-Router besorgen, mit dem man sich ein eigenes WLAN-Netz aufbauen kann. Damit kann man mit sämtlichen Geräten (Tablet, Notebook und Smartphone) gleichzeitig online sein.

Reisende werden kein Problem haben, in Florida online zu gehen. Die meisten Hotels bieten kostenlosen Internetzugang. Obendrein gibt es in ganz Florida zahlreiche Internetcafés.

Kartenmaterial

Der verbreitetste Autoatlas ist der Rand McNally Straßenatlas USA / Canada / Mexiko (kann man auch bei uns zuhause kaufen). Alternativ erhält man vor Ort in diversen Tourist Offices die Official Highway Maps kostenlos. In den Büros des amerikanischen Automobilclubs AAA (Tripel A) bekommt man teilweise ausführlicheres Kartenmaterial nach Bundesstaaten und Städten untergliedert. Als ADAC-Mitglied erhält man diese kostenlos, ein Teil der Karten kann man auch bereits in Deutschland über den ADAC bekommen.

Kirche

Hilfe von deutschsprachigen Pfarrern und Seelsorgern erhält man zum Beispiel hier:
in Miami:

Coral Gables Congregational Church , 3010 De Soto Blvd
deutschekirchemiami@gmail.com

Tipp für Gläubige
Eine gute Erfahrung ist ein Gospel-Gottesdienst in der Gos-

pel-Chapel. Chris ist ein Prediger und Jesus-Anhänger, wie er im Buche steht. Ein Gottesdienst macht wirklich gute Laune, obwohl hier nur gesungen und aus der Bibel vorgelesen wird. Fremde sind herzlich willkommen und werden sogar namentlich begrüßt. Eine tolle, kleine Gemeinschaft, die Nächstenliebe und Gastfreundschaft wirklich lebt.

Gospel Chapel
720 Southard St

Klima

Als beste Reisezeit eignet sich der Frühling, dann sind die Temperaturen angenehm warm und es gibt wenige Regentage im Monat. Die Hurrikan-Zeit dauert von Juni bis November, die meisten Hurrikans treten zwischen August und November auf.

Klima Key West

Key West ist das ganze Jahr über eine der sonnigsten und wärmsten Gegenden der USA. Auch im Winter liegen die Durchschnittstemperaturen bei 24° bis 27° C. Das Wetter ist fast jeden Tag perfekt mit meist sehr kurzen, kleinen Regenschauern (vor allem nachmittags im Sommer). Die Florida Keys liegen in der subtropischen Klimazone. Aufgrund ihrer Nähe zum Golfstrom und dem Golf von Mexiko verfügen die Keys über ein mildes tropisches Meeresklima, in dem die durchschnittlichen Temperaturunterschiede zwischen Sommer und Winter nur selten bei mehr als 10 Grad liegen.

Klima Miami

Das Wetter in Miami ist ganzjährig warm und tropisch. Im Sommer kann es in Miami unerträglich heiß werden, dafür regnet es auch öfters mal. Die Wintermonate sind in der Regel sehr trocken.

Klimaanlagen

werden in den Hotels, Restaurants und Bars gerne so kalt eingestellt, dass man nach kürzester Zeit den Eindruck hat, in einem Kühlschrank zu sitzen. Am besten hat man immer einen leichten Pulli oder wenigstens ein Tuch im Gepäck.

KLIMATABELLE KEY WEST

Max. Temperatur in °C

Jan	Feb	Mär	Apr	Mai	Jun
23	24	26	26	29	30

Jul	Aug	Sep	Okt	Nov	Dez
31	31	31	28	26	23

Min. Temperatur in °C

Jan	Feb	Mär	Apr	Mai	Jun
16	16	18	18	22	23

Jul	Aug	Sep	Okt	Nov	Dez
23	24	24	22	19	17

Sonnenstunden

Jan	Feb	Mär	Apr	Mai	Jun
7	8	9	9	10	8

Jul	Aug	Sep	Okt	Nov	Dez
9	8	7	7	7	7

Regentage

Jan	Feb	Mär	Apr	Mai	Jun
6	5	6	7	10	13

Jul	Aug	Sep	Okt	Nov	Dez
17	16	18	15	8	7

Kreditkarten

Ohne Kreditkarte geht in den USA rein gar nichts. Die Amerikaner scheinen jeden Kaugummi mit Karte zu bezahlen und in den Hotels sträubt man sich fast, dem Besucher ohne Kreditkarte ein Zimmer zu geben. Da muss man schon 100 Dollars Kaution hinterlegen, damit die Besitzer wenigstens etwas in der Hand haben, sollte man im Zimmer etwas kaputt machen. Am besten besorgt man sich die 1plus Card der Santander Bank, die alle Fremdgebühren im Ausland in Sachen Bargeld erstattet. Ebenfalls zu empfehlen: Die comdirect VISA Kreditkarte (keine Jahresgebühren) und die ebenfalls gebührenfreie N26 (Mastercard). Wer viel unterwegs ist, sollte sich eine dieser Karten besorgen, man kann mit ihnen weltweit ohne Auslandsgebühren Bargeld abheben.

Kreditkarten Notfallnummern:

VISA:
1 800 847 2911

Traveler's Cheques:
1 800 227 6811

Eurocard/MasterCard:
1 800 627 8372

American Express:
1 800 869 3016

Konsulate

Deutsches
Generalkonsulat in Miami
Tel. 305 358 0290

Deutscher Honorarkonsul
in Cape Coral
Tel. 239 945 1174

Österreichisches
Konsulat in Miami
Tel. 305 325 1561

Schweizer Konsulat in Miami
Tel. 305 377 6700

MIAMI/KEY WEST IN ZAHLEN

Landesvorwahl: +1

Einwohner Miami: 386.740
Einwohner Key West:
Auf Key West leben etwa 25.000 Einwohner, in Key Largo knapp 11.000, Islamorada 7.000 und in Marathon etwa 10.000 Menschen.
Sprachen: Englisch, Spanisch

Ethnische Gruppen:
11,8 % Weiße; 65,8 % Hispanier; 22,3% Schwarze

Ortszeit:
Die Uhren in Miami sind generell 6 Stunden unserer Zeit hinterher.
Außnahme:
-5 Stunden vom zweiten Sonntag im März bis zum letzten Sonntag im März. Hier ändert sich die Eastern Standard Time (EST) zur Eastern Daylight Time (EDT). Die Uhren werden eine Stunde vorgestellt. Dann beginnt in Mitteleuropa die Sommerzeit.
-5 Stunden vom letzten Sonntag im Oktober bis zum ersten Sonntag im November. Die EDT endet am ersten Sonntag im November. In Mitteleuropa endet am letzten Sonntag im Oktober die Sommerzeit.

Netzspannung:
110–115 V, 60 Hz; flache Zwei- oder Dreipol-Stecker;
Adapter erforderlich

Durchschnittstemperatur: 19,5 °C (im Juli: 27,5 °C)

Mietwagen

Mit dem Greyhound-Bus kommt man zwar in Florida so gut wie überall hin, aber unabhängiger ist man eben doch mit einem Mietwagen, den es teilweise extrem günstig in Kombination mit der Flugbuchung gibt. Wer die Reise frühzeitig bucht, kann im Internet nach so genannten „fly-and-drive-Angeboten" suchen. Teilweise sind diese Kombi-Angebote kaum teurer als der Flug, so dass sich eine intensive Recherche durchaus positiv auf die Urlaubskasse auswirken kann. Außerdem kann man den Wagen dann nach der Ankunft direkt am Flughafen abholen. Je nachdem, wie viel man von Florida entde-cken möchte, lohnt es sich, eine Art Maut-Flatrate mit zu buchen. Dann kann man für ein paar Dollars pro Tag sämtliche Straßen, Brücken und Highways nutzen, ohne hinterher noch eine dicke Rechnung vom Mietwagen-Anbieter zu erhalten. Prüfen Sie unbedingt, ob das Radio funktioniert, und vergessen Sie nicht, ein Navi zu verlangen! Wer sich spontan für einen Mietwagen entscheidet, wird ganz sicherlich am Flughafen noch fündig, dort sind alle internationalen Mietwagen-Verleiher vertreten. Aber wie gesagt: Wer beispielsweise nur Miami und Key West bereisen möchte, kann gut auf einen Wagen verzichten, zumal es in

Der Overseas Highway verbindet 40 Inseln der Florida Keys miteinander

Miami gar nicht so einfach ist, einen kostengünstigen Parkplatz zu finden.

Die meisten Agenturen verlangen eine gängige Kreditkarte, einen gültigen Führerschein und ein Alter von mindestens 25 Jahren. Man sollte stets fragen, ob eine Haftpflichtversicherung im Mietpreis inbegriffen ist.

Tipp: Die meisten Kreditkarten bieten Versicherungsschutz bei Unfällen mit dem Mietwagen, wenn man das Auto höchstens 15 Tage mietet und die komplette Mietgebühr mit der Karte bezahlt. Man sollte deshalb unbedingt die Kreditkartenbedingungen prüfen!

Overseas Highway

Der Overseas Highway ist der südlichste Abschnitt des U.S. Highways 1 in Florida. Der 205 Kilometer lange Highway verbindet 40 Inseln der Florida Keys miteinander und reicht von Homestead bis nach Key West. Die dreistündige Fahrt über die 42 Brücken durch die Florida Keys gehört zu den malerischsten Reiserouten der USA. Der Highway ist die einzige Landverbindung zwischen den Florida Keys und dem Festland der USA und im Falle eines Hurrikans auch die einzige Fluchtroute für die Einwohner und Touristen.

Polizei

In der Regel sind die Beamten freundlich und hilfsbereit. Allerdings sollte man einige Dinge beachten, wenn man ihnen begegnet, denn bei Kontrollen werden Polizisten gerne nervös, da ja in den Staaten jeder eine Waffe besitzen kann. Unkontrollierte Bewegungen, ein schneller Griff ins Handschuhfach oder in die Hosentasche gilt es zu vermeiden. Wird man wegen zu schnellem Fahren (Speeding) angehalten, lohnt sich der Versuch, sich freundlich und schuldbewusst herauszureden – bei Ausländern wird teilweise ein Auge zugedrückt.

Post

Die Postämter des United States Postal Service (USPS) haben in der Regel montags bis freitags von 8 bis 17 Uhr und samstags bis 14 Uhr geöffnet, wobei dies von Filiale zu Filiale und von Stadt zu Stadt abweichen kann.
Die Beförderung per Luftpost nach Europa dauert 4 bis 7 Tage. Briefmarken erhält man im Postamt, auf der Internetseite des USPS, an Automaten oder in Souvenirgeschäften.

Post Miami Beach
1300 Washington Ave
Tel. 800 275 8777

Post Key West
400 Whitehead St
Tel. 800 275 8777

Rauschmittel

Schon der Besitz geringster Mengen von Rauschmitteln, auch wenn es sich um Mittel oder Mengen handelt, deren Besitz in Deutschland eventuell nicht strafrechtlich verfolgt wird, zieht ausnahmslos eine lebenslange Einreisesperre nach sich und kann zu langjährigen Haftstrafen führen. Dazu kommen sehr hohe Zollforderungen, schnell über Hunderttausende US$. Bereits bei der Einreise in die USA werden strenge Kontrollen durchgeführt.

Sonnenuntergang zelebrieren auf Key West

findet auf dem übervölkerten Mallory Square statt und ist

Florida´s herrliche Strände sind nicht immer ganz ungefährlich

wirklich atemberaubend schön. Wer es romantisch will und das Versinken der Sonne von einem Segelboot aus erleben möchte (und nebenbei erwähnt in hunderten von fremden Fotoalben landet, zum Glück im Gegenlicht), der sollte eine Sunset Segel-Tour buchen, das ist ein wirklich unvergessliches Erlebnis! Zum Beispiel bei

Sunset Sail Key West
202 William St
Tel. 305 587 4488

Sicherheit am Strand

Ein Flaggensystem zeigt den Schwimmern, ob die See einigermaßen ruhig ist oder fürs Rausschwimmen zu gefährlich.

Rote Flagge:
Starker Seegang und Strömungen – besonders gefährlich!

Gelbe Flagge:
Strömungen sind da, aber für gute Schwimmer kein Problem.

Grüne Flagge:
Ruhige See, das Schwimmen ist ungefährlich.

violett:
Achtung gefährliche Meerestiere (Hai gesichtet oder giftige Quallen)!

Stromspannung

In den USA benutzt man Wechselstrom von 110 Volt. Transformer und Adapter gibt es in Elektrogeschäften zu kaufen.

Tanken

Beim Tanken ist folgende Besonderheit zu beachten: man bezahlt entweder an einer Zapfsäule mit Kreditkarte oder bar im Tankstellenladen. Will man mit Kreditkarte bezahlen, dann steckt man diese an der Zapfsäule ein, bei Barzahlung muss man VOR dem Tanken im Tankstellenladen bezahlen und bekommt dann eine Zapfsäule zugewiesen.

Besonderheit: Übrigens ist an den amerikanischen Tankstellen nach der Entnahme der Zapfpistole zunächst noch ein Sperrmechanismus zu betätigen. Dazu ist die so genannte „nozzle" – ein Riegel unter der Zapfpistole – nach unten zu klappen und erst dann wird der Kraftstoff in den Tank strömen. Zum Beenden des Tankvorgangs geht es anders herum: zunächst die nozzle nach oben klappen und dann die Zapfpistole einhängen.

Telefonieren

Bei Ferngesprächen innerhalb der USA wählen Sie:

1
+ Vorwahl (3-stelliger Areacode)
+ Rufnummer (7-stellig)

Rufnummern mit der Vorwahl 800 oder 888 sind gebührenfrei. Unter der Nummer 0 hilft ein Operator weiter.

Bei Gesprächen nach Deutschland wählen Sie:

011 49 (Ländervorwahl)
+ Vorwahl der Stadt ohne Null
+ Rufnummer

Wenn die Nummer in Deutschland (069) 28 3521 ist, wählt man also 011 49 - 69 28 3521.

Von öffentlichen Telefonzellen aus ist es schwierig und teuer, nach Europa zu telefonieren, da die Tarife hoch sind und man ständig eine Münze nachwerfen muss. Hotels schlagen gerne 100 bis 200 Prozent auf die Telefongebühr auf, man sollte sich deshalb lieber eine Telefonkarte besorgen, die an Tankstellen, in Supermärkten und in vielen Läden erhältlich ist. Achtung: Telefonkarten werden in den USA nicht in das Telefongerät gesteckt, man tippt stattdessen den Zahlencode der Telefonkarte ein, bevor man die eigentliche Zielrufnummer wählt. Reist man mit dem eigenen Laptop in die USA, kann man das kostenlose Internetprogramm Skype installieren, mit dem man über das Internet andere Skype-Nutzer in aller Welt ohne Gebühren anrufen kann. Auch die Gebühren für das Anrufen von herkömmlichen Telefonen sind äußerst günstig. Das Programm bietet auch eine Instant-Messaging und Videofunktion.

Ländervorwahlen:

Deutschland: 011 49
Schweiz: 011 41
Österreich: 011 43

Notruf: 911

Tauchen

Für Taucher sind die Florida Keys der absolute Traum. Dank des nahegelegenen Golfstroms, für den das Korallenriff als „Raststätte"

dient, ist das gut erhaltene Korallenriff für seinen immensen Fischreichtum und seine abwechslungsreiche Unterwasserwelt weltweit bekannt. Vor der Küste wimmelt es geradezu von bunten Fischschwärmen und anderen Wassertieren und das ermöglicht Tauchreisen, die man ein Leben lang nicht vergessen wird. Hier befindet sich auch das einzige lebende Korallen-Barriereriff der kontinentalen Vereinigten Staaten und das drittgrößte Barriereriff der Welt. Außerdem gibt es den so genannten „Florida Keys Shipwreck Trail". Diese Reihe von Wracks erstreckt sich von Norden nach Süden und bietet damit noch mehr Möglichkeiten für erstklassige Tauchgänge.

Die US-Regierung gründete vor einigen Jahrzehnten das Florida Keys National Marine Sanctuary, um diesen einzigartigen marinen Lebensraum zu bewahren. Schiffswracks wie die USS Spiegel Grove oder die Vandenberg wurden absichtlich versenkt, um neue Herausforderungen für Taucher zu schaffen und gleichzeitig das natürlich Riff etwas zu entlasten.

Fische und Taucher im Korallenriff

Tempolimit/Verkehrsregeln

Die erlaubte Geschwindigkeit auf Überlandautobahnen liegt bei 70 Meilen pro Stunde (113 km/h), auf Landstraßen und innerstädtischen Autobahnen bei 55 mph, in Ortschaften bei 30 bis 35 mph und vor Schulen oft nur 15 mph.

Schulbusse mit Warnblinkanlage und ausgefahrenem Stoppschild dürfen auf keinen Fall überholt werden. In Florida wird links und rechts überholt, Autobahnausfahrten können in Großstädten auch auf der linken Seite liegen, deshalb ist besondere Vorsicht beim Spurwechsel angebracht.

Zahlungsmittel

Europäische Währungen sind in Florida schwer umzutauschen, meist nur auf Flughäfen, in großen Banken und Wechselstuben, allerdings oft zu ungünstigen Konditionen.

Reiseschecks sind dagegen ein problemloses und sicheres Zahlungsmittel, sie werden von fast allen Restaurants und Geschäften angenommen und bei Verlust problemlos ersetzt. Sie werden praktisch wie Bargeld behandelt, den Differenzbetrag gibt es in cash zurück. Bewährt haben sich bei Reiseschecks-Stückelungen bis zu 50 Dollars. Bargeld kann man mit der Kreditkarte an Bankautomaten ziehen, an vielen Automaten kann man dies auch mit der EC-Karte, allerdings fallen auch hier relativ hohe Gebühren an.

Zoll

Zollfrei dürfen 200 Zigaretten, 1 Liter alkoholische Getränke (ab 21 Jahren) sowie Geschenke im Wert von bis zu 100 Dollars in die USA eingeführt werden. Für Bargeld gibt es keine Beschränkungen, allerdings muss man bei Beträgen ab 10.000 Dollars ein extra Zollformular ausfüllen. Strengstes Einfuhrverbot besteht für Fleischprodukte, alkoholgefüllte Süßigkeiten, Obst, Gemüse, Pflanzen, Erde oder Samen jeglicher Art, Feuerwerksartikel, pornografisches Material, Arzneien, Drogen, Klappmesser und Gifte.

KLEINER USA-KNIGGE

Das Prozedere bei der Ein- und Ausreise kann einem ganz schön auf die Nerven gehen. Nicht selten muss man sich – ohne ersichtlichen Grund – einer besonders intensiven Kontrolle unterziehen, wobei auch der Körper abgetastet wird. Einer Studentin, die scherzhaft meinte, sie habe eine Bombe in der Tasche, kam ihr Humor teuer zu stehen. Statt am ersehnten Palmenstrand landete sie erst mal im Gefängnis. Man sollte sich den Leuten vom Zoll gegenüber stets höflich verhalten, denn die Macht der Einwanderungsbehörden ist riesig. Wer sich einen Fehltritt erlaubt, kann sofort mit der nächsten Maschine nach Hause geschickt werden.

Sobald man ein Restaurant betritt, hört man oft den Satz „Please, wait to be seated". Dass man, wie bei uns, ein Lokal betritt und an einem freien Tisch Platz nimmt, wird in den USA nicht gerne gesehen und gilt sogar als unhöflich. Also lieber abwarten und sich am Eingang einen Tisch zuteilen lassen.

Es ist absolut nicht üblich, im Restaurant die Rechnung aufzuteilen. Dass selbst in einer großen Gruppe die Leute ihre einzelnen Posten gesondert bezahlen wollen, sieht man übrigens nur in Deutschland. Das gleiche gilt für den Aufenthalt in einer Bar. Jeder zahlt immer eine Runde, dann ist der nächste dran. Würde man verlangen, dass jeder selbst bezahlt, sähe das ziemlich geizig und pingelig aus.

Ebenfalls als unhöflich gilt, wer anderen zu sehr auf die Pelle rückt, sei es an der Schlange am Schalter oder am Geldautomaten. Die Locals treten hier lieber noch ein paar Meter zurück, was im Grunde eine sehr angenehme Sache ist.

Wenn Sie in einer Bar, im Restaurant oder im Club folgendes Schild sehen „No shirt, no shoes, no service!", dann können Sie davon ausgehen, dass man ohne angemessene Kleidung hier weder etwas zu essen noch etwas zu trinken bekommt. Die Jungs und Mädels vom Service sind dazu angehalten, die Einhaltung des Dresscodes gründlich zu überprüfen. Im Zweifel sollte man das Hotelzimmer lieber etwas schicker verlassen, dies empfiehlt sich in Miami eigentlich immer, wenn man nicht gerade in Little Havana oder in den Künstler-Distrikten unterwegs ist.

Schon gemein: Da quälen sie sich dermaßen ab, die Einwohner Miamis, um am Strand eine gute Figur zu machen, und dann dürfen sie ihre durchtrainierten Körper nicht mal hüllenlos zur Schau stellen. Dabei hätten die wenigsten Touristen etwas dagegen, wenn sie die unzähligen Schön-

FKK ist in Miami lediglich am Haulover Beach erlaubt

heiten, Stars und Sternchen am Strand im Adamskostüm bestaunen könnten. Aber wie im Rest der USA existiert auch in Florida eine sehr strenge „No-nipples"-Politik, und wer sich ohne Klamotten erwischen lässt, kann mit einer saftigen Geldstrafe rechnen. (Einzige Ausnahme in Miami: der Haulover Beach)

Die Löhne und Gehälter im amerikanischen Dienstleistungsgewerbe fallen unter anderem deshalb so gering aus, weil man davon ausgeht, dass die Kunden im Taxi, in den Bars und Restaurants automatisch ihre 15 bis 18 Prozent Trinkgeld auf die Summe drauf schlagen. Kein Wunder, dass die Leute nicht gerade begeistert sind, wenn dies nicht passiert. Man sollte also wirklich nicht knausrig sein und lieber einen Quarter mehr auf dem Tisch lassen als zu wenig. Es sei denn natürlich, der Service war miserabel, was aber in Florida so gut wie nie vorkommt. Das Lächeln auf dem Gesicht der Mitarbeiter gehört in den USA sozusagen zur Dienstkleidung, was durchaus nachahmenswert ist.

Florida Keys

BAHIA HONDA KEY

Die Insel befindet sich zwischen dem Ohio Key und dem Spanish Harbor Key und beherbergt gerade mal um die 100 Einwohner. Hauptattraktion ist der Bahia Honda State Park, dessen Strand regelmäßig zum schönsten Strand der USA gekürt wird.

BIG PINE KEY & THE LOWER KEYS

Während der Großteil der Keys relativ dicht besiedelt ist, sind die Lower Keys rund um die größte Insel Big Pine Key zum großen Teil Naturschutzgebiet. Abgesehen von einigen Mini-Lodges

Strand im Bahia Honda State Park. Im Hintergrund: die Flagler Bridge.

und B&Bs gibt es hier kaum Übernachtungsmöglichkeiten. Wer hierher kommt, liebt die Wildnis und Einsamkeit der Natur, möchte die Schönheit der weitläufigen Mangrovenwelt erleben und am liebsten im Freien übernachten oder auf einem der besonders schönen Campingplätze.

Etliche Anbieter von Ökotouren bieten hier traumhafte Exkursionen an. Neben den üblichen Schlauch- oder Motorboot-Touren sind allerdings die Halbtagestouren per Kajak am interessantesten. Sie werden beispielsweise von Sugarloaf aus angeboten, wo auch die wohl kurioseste Sehenswürdigkeit weit und breit zu finden ist, nämlich der so genannte „Fledermausturm". Der Turm wurde im Jahre 1929 von Richter Clyde Perky nach den Plänen des Fledermausforschers Dr. Charles Campbell errichtet. Damals war die Malaria auf dem Vormarsch und Campbell glaubte, mit dem Turm eine Unterkunft für moskitoverzehrende Fledermäuse zu schaffen, um den malariaverbreitenden Mücken den Garaus zu machen.

Little Torch Key – TIPP für Burnout-Patienten

Reif für die Insel? Dann ist dieser herrliche Ort am Ende der Welt mit Sicherheit genau die richtige Wahl! Denn auf dieser Privatinsel, die nur mit dem Boot oder einem Flugzeug zu erreichen ist, ticken die Uhren ein bisschen anders. Es stören weder die Geräusche eines Telefons noch die eines Fernsehgerätes die Ruhe der Erholungssuchenden. Das gesamte, von üppiger, tropischer Vegetation bewachsene Areal mit seinen hübschen, palmenbedeckten Suiten ist einfach paradiesisch. Das hoteleigene Restaurant mit dem schlichten Namen „Dining Room" gehört zu den besten der gesamten Florida Keys und selbst jene Feinschmecker, die keinen Platz in dem Sechs-Sterne-Hotel bekommen haben, nehmen die Überfahrt per Boot nur zu gerne in Kauf, um in den Genuss der Kreationen von Chefkoch Louis Pous zu kommen. Zugegeben hat der Eintritt ins Paradies seinen Preis, doch wenigstens zum Brunch sollte man einmal hier

Key Deer im National Key Deer Refuge

gewesen sein. Denn auch dieser sucht seinesgleichen!

**Little Torch Key
Mile Marker 28,5
Tel. 800 343 8567**

Auf der Atlantikseite befindet sich das Looe Key Reef, das für Schnorchler schönste Korallenriff der Keys: mit einer Wassertiefe von nur 6 Metern bietet es eine hervorragende Sicht auf den unglaublich farbenfrohen Fischreichtum der Gewässer (S. 156). Zu den wichtigsten Naturschutz-

gebieten zählt das National Key Deer Refuge, das sich dem Schutz der endemischen Weißwedelhirschart, dem Key Deer, verschrieben hat. Wer die Tiere zu Gesicht kriegen möchte, sollte früh morgens oder am späten Abend die Pfade des Naturschutzgebietes entlang wandern. Am besten kann man die hundegroßen Rehe von einem der speziell eingerichteten Aussichtsdecks beobachten.

**www.fws.gov/refuge/
national_key_deer_refuge**

DRY TORTUGAS NATIONAL PARC

TIPP für Schnorchel-Anfänger

Etwa 100 Kilometer westlich von Key West befinden sich die so genannten „Dry Tortugas", ein etwa elf Kilometer langer Archipel aus sieben Koralleninseln. Schon Ernest Hemingway mochte die Einsamkeit dieser unbewohnten Inseln und fuhr oft zum Fischen hinaus.

Seit 1992 sind die Tortugas das Herzstück des recht jungen Nationalparks, der zum Schutze der Meerestiere, Vögel und Korallenriffe ins Leben gerufen wurde. Zwar verbringt man die Hälfte seines Tagesausfluges auf einem Boot, doch der Aufwand lohnt sich wirklich.

Besucher kommen in der Regel aus zwei Gründen hierher. Erstens, um sich auf Garden Key das imposante Jefferson Fort anzusehen (Siehe S. 204) und zweitens natürlich zum Schnorcheln, denn diese Gelegenheit sollte man sich wirklich nicht entgehen lassen. Vor allem für Schnorchel-Anfänger sind die niedrigen Gewässer mit ihren riesigen, bunten Fischbeständen besonders geeignet. Am besten schwimmt man von der Badestelle des Campingplatzes aus an der Mauer entlang, wo sich bereits unzählige der vielen Fischarten tummeln.

Dry Tortugas National Park
Tel. 305 242 7700
ww.nps.gov/drto

Dry Tortugas Leuchtturm vor der untergehenden Sonne

147

ISLAMORADA

Petri Heil und
Bier ganz anders

Islamorada bezeichnet sich selbst als die Welthauptstadt des Sportfischens, denn sowohl beim Hochseeangeln als auch beim Fliegenfischen werden hier regelmäßig neue Weltrekorde aufgestellt. Wenngleich mit dem Ausdruck „Welthauptstadt" natürlich ein bisschen sehr dick aufgetragen wurde, sind Freunde des Angelsports hier genau richtig, zumal sich der Ort auf diese Klientel spezialisiert hat. Neben teuren Yachten schaukeln unzählige Fischerboote in den Häfen und auf der Hauptstraße reiht sich ein Anbieter von Angel-Ausrüstungen und Ködern an den nächsten.

Auch Taucher, die sich für die Geschichte ihres Sports interessieren, kommen in Islamorada auf ihre Kosten. Bei Mile Marker 83 kommt man zum „Florida Keys History of Diving Museum", in dem sich unter anderem die weltweit größte Sammlung an Taucherhelmen und -anzügen befindet.

Nicht nur der Mensch, sondern auch der Braunpelikan fischt auf Islamorada

**Florida Keys History
of Diving Museum
Overseas Hwy
Tel. 305 664 9737
www.divingmuseum.com**

Als Bierliebhaber ist es schon fast Pflicht, der Probierstube der Islamorada Beer Company einen Besuch abzustatten. Hier werden die bekannten Biere verkostet wie etwa das „Sandbar Sunday" oder das mit Limetten- und Kokosnussgeschmack versetzte Ale „No Wake Zone" oder das an geröstete Kaffee erinnernde „Old Road IPA". Der Verkostungsraum ist von Montag bis Samstag von 12 bis 21 Uhr geöffnet, sonntags von 12 bis 18 Uhr.

**Islamorada Beer Company
82229 Overseas Highway
Mile Marker 82,9
www.islamoradabeerco.com**

Ebenfalls ein Muss für Bierliebhaber ist ein Besuch der Brauerei Florida Keys Brewing Company. Die Besitzer Craig McBay und seine Frau Cheryl geben ihren Bieren mit Honig oder Zitrone die besondere Note. Ihre neuesten Kreationen kann man im Schankraum testen und natürlich erwerben.

**Florida Keys Brewing Company
www.floridakeysbrewingco.com**

Cheeca Lodge & Spa – TIPP zum Übernachten

Mit ihren 114 Zimmern war diese Lodge 1946 eine der ersten Luxusanlagen auf Islamorada. Nach einem Brand wurde die Edelherberge einer Rundum-Sanierung unterzogen und besticht seitdem durch große, helle Zimmer im tropischen Luxus-Design und monströse Badezimmer. Besonders nachts ist das üppig bewachsene Grundstück mit seinen von Tiki-Fackeln beleuchteten Wegen eine Augenweide. Neben dem schönen Spa besteht auch die Möglichkeit, Golf und Tennis zu spielen.

**Cheeca Lodge & Spa
81801 Overseas Highway
Mile Marker 82
Tel. 305 712 7166**

Rote Koralle und leuchtende Maskierte Schmetterlingsfische

KEY LARGO

Die mit 53 Kilometer längste Insel der Florida Keys trug einst den Namen „Rock Harbor". Nach dem Erfolg des Humphrey-Bogart-Films „Key Largo" von 1948, der zum großen Teil im legendären und noch heute geöffneten Carribbean-Club gedreht wurde, erhielt die Insel ihren heutigen Namen. In der Folgezeit entstanden eine Reihe von exzellenten Restaurants und bekannte Hotelketten.

Unschlagbares Highlight der Insel ist und bleibt allerdings der Unterwasserpark „John Pennekamp Coral Reef State Park", der mit seinem facettenreichen Ökosystem Unterwasserfreunde aus der ganzen Welt anlockt. Das seichte Wasser erlaubt es den Schnorchlern und Tauchern, mühelos eine prächtige Meereswelt zu beobachten, die über vierzig verschiedene Korallen- und über 650 Fischarten beherbergt. Auch Glasbodenboote und Kajaks werden gerne genutzt, um die Bewohner dieses prächtigen Wasserparks in Augenschein zu nehmen. Wer gerne auf Campingplätzen übernachtet, sollte sich den im Pennekamp-Park auf keinen Fall entgehen lassen, er gilt als einer der schönsten der Florida Keys. Der Park liegt am Mile Marker 102.5 am Overseas Highway nördlich von Key Largo am Largo Sound.

Pennekamp-Park
Tel. 305 451 6300

Undersea Lodge

Warum nicht einmal in einem Unterwasserhotel übernachten, dessen Zimmer 10 Meter unter dem Meeresspiegel in einer Lagune liegen. Beim Einschlafen zählt man hier keine Schäfchen, sondern bunte Fische, die an riesigen Bullaugen vorbei schwimmen.

Undersea Lodge
51 Shoreland Dr., MM 103,2
Tel. 305 451 2353
www.jul.com

Nicht nur vor Key Largo, sondern auch vor Italiens Küste findet man unter Wasser solch eine Jesus Statue

VACA KEY

Marathon – TIPP für Kids

Die tropische Stadt Marathon, die den größten Teil der zehn Kilometer langen Insel Vaca Key einnimmt, hat sich in den letzten Jahren zu einer gelungenen Mischung aus altem Fischerdorf, Naturschutzgebiet und modernem Touristenzentrum entwickelt. Hier machen gern Familien mit Kindern Station, denn für die Kleinen gibt es hier viel Interessantes zu entdecken wie zum Beispiel die brandneue Outdoor-Anlage „Florida Keys Aquarium Encounters". In mehreren Becken werden die unterschiedlichsten Meeresbewohner präsentiert, die von den Kids auch angefasst werden dürfen. Zum Schnorcheln steht ein natürlicher Mangrovenkanal zur Verfügung und absolutes Highlight der Einrichtung ist das große „Riffbecken", in dem es den Besuchern möglich ist, verschiedene Fische und sogar Haie zu füttern.

**Florida Keys
Aquarium Encounters
11710 Overseas Hwy
Marathon
Tel. 305 407 3262
www.floridakeys
aquariumencounters.com**

In der Florida Keys Aquarium Encounters kann man auch Rochen bewundern

Turtle Hospital

Eine weitere Attraktion Marathons ist das Turtle Hospital – das weltweit einzige Krankenhaus für Meeresschildkröten. Zu sehen sind Turtles, die einen Hai-Angriff oder Schiffs-Zusammenstöße hinter sich haben, Müll gefressen haben oder an einem Tumor leiden. Die durch und durch unterstützenswerte Einrichtung ist Emergency Room, Krankenhaus, Rehaklinik und Gnadenstation in einem und finanziert sich größtenteils über die Besucher. Einfach toll, wie liebevoll sich das Personal um die angeschlagenen Schildkröten kümmert, bis sie wieder so weit hergestellt sind, dass sie ins Meer zurück können. Vor allem Kindern sollte man diese Einrichtung nicht vorenthalten, denn wo sonst hat man schon die Möglichkeit, diese großen Schildkröten einmal aus nächster Nähe kennen zu lernen. Eine Führung durch sachkundige Mitarbeiter ist unbedingt zu empfehlen, man sollte diese jedoch frühzeitig buchen.

Turtle Hospital
2396 Overseas Hwy
Marathon
Tel. 305 743 2552
www.turtlehospital.org

Dolphin Research Center

Das Delphinarium auf Grassy Key beherbergt vorwiegend Delfine und kalifornische Seelöwen. Fast jeder Ü-40er dürfte das Dolphin Research Center schon einmal gesehen haben. Zumindest im Fernsehen, denn die ehemalige Delfinschule war Hauptdrehort der beliebten Kinderserie „Flipper". Heute hat sich die Einrichtung ganz der Verhaltensforschung der intelligenten Meeressäuger verschrieben. Nicht nur die Führung ist hochinteressant, auch das Schwimmen mit Delfinen sollte man sich nicht entgehen lassen (reservieren!)

Dolphin Research Center
58901 Overseas Hwy
Tel. 305 289 1121
www.dolphins.org
täglich 9–16.30 Uhr

NICHTS VERPASSEN ZWISCHEN MIAMI UND KEY WEST!

Die dreistündige Fahrt durch die Florida Keys gehört zu den malerischsten Reiserouten der USA. Über 42 Brücken verläuft die Route von Miami nach Key West und mit jeder Meile verändert sich die Landschaft, wird das Klima tropischer, türkisfarbener das Wasser und weißer der Sand an den Stränden. Am Ende der Fahrt wartet mit der Sieben-Meilen-Brücke noch die absolute Krönung auf die Reisenden, denn plötzlich ist man links und rechts, vorne und hinten nur noch von der unendlichen Weite des blauen Meeres umgeben.
Einfach toll!

Die Seven Mile Bridge verbindet die Inseln Vaca Key und Bahia Honda Key

Eine Gruppe von Zitronenhaien unter der Seven Mile Bridge

Lassen Sie sich auf die Palme bringen!

Auf Islamorada befindet sich in einer kleinen Bucht eine Palme, die wie gemacht ist für ein Fotoshooting. Zuletzt waren es die Models von Victoria Secret, die auf der einsamen Palme posiert haben. Fragen Sie einfach die Locals, jeder hier kennt diese einsame Pflanze, die sich so elegant dem Ozean entgegen streckt.

Im Cabriolet den Overseas Highway hinunter rauschen

Wer sich einen Wagen in Miami mietet, um nach Key West zu fahren, sollte sich ein Cabriolet gönnen. Denn nichts ist schöner, als den kompletten Overseas Highway ohne Verdeck zu erleben. Mit dem Wind im Haar, guter Musik und dem Salz des Meeres auf der Zunge. Am spektakulärsten ist die Strecke natürlich auf der neuen Seven Mile Bridge. Soweit das Auge reicht, genießt man die Sicht auf türkises Wasser bis zum Horizont.

Haie und Rochen beobachten – TIPP für Kids

Wer mit dem Wagen von Miami nach Key West unterwegs ist, sollte unbedingt einen Stopp an der historischen Seven Mile Bridge machen, die nur für Fußgänger und Radfahrer zugänglich ist. Mit etwas Glück kann man von dort oben Haie und riesige Rochen beobachten. Einen Versuch ist es wert, denn sobald man auf die Insel Key West gelangt, kann man die Tiere nur im Zuge einer geführten Bootstour machen, was nicht gerade billig ist. Vor allem für Kinder ist es ein riesiges Spektakel, sobald die erste Hai-Flosse auftaucht.

Bei Keys Fisheries in Marathon frischen Fisch essen

Bei Keys Fisheries geht es nicht gerade mondän zu, die Einrichtung ist eher schlicht und einfach gehalten und sein Essen holt man sich am Tresen ab. Dafür kann man hier direkt am Wasser fangfrischen und köstlich zubereiteten Fisch für wenig Geld genießen. In Marathon nach den riesigen Schildern Ausschau halten, auf einem davon findet man die Werbung von Keys Fisheries samt Wegbeschreibung.

Looe Key – einfach mal Abtauchen

Für Taucher und Schnorchler ist ein Besuch des Riffs Looe Key ein absolutes Muss. Auf über 14 Quadratkilometer ausgedehnt, befindet sich hier die vielfältigste Korallenlandschaft der Keys. Die Unterwasserwelt ist ein Tauch- und Schnorchelspot wie aus dem Bilderbuch und für Anfänger genauso geeignet wie für fortgeschrittene Taucher. Wer hier eintaucht in diesen leuchtend blauen Traum von Unterwass-

Wer in Marathon ist, sollte auch an den paradisischen Sombrero Beach gehen

erwelt, wirft schnell allen Ballast von sich und kann gar nicht anders, als in diesem stillen Paradies endlich einmal wieder tief durchzuatmen. Dies gleich zu Beginn des Urlaubs zu erleben, ist unbezahlbar. Andere brauchen für diese Art von Tiefenentspannung zwei Wochen Urlaub, also nichts wie hin zum Ramrod Key, wo sich die Tauchfreunde treffen und die Tour zu dem acht Kilometer entfernten Riff starten. Infos und Ausrüstung gibt es hier:

Looe Key Dive Center
27340 Overseas Hwy
Ramrod Key
Tel. 305 872 2215
www.diveflakeys.com

Ein Bade- und Schnorcheltag am schönsten Strand der USA – TIPP für Kids

Angesichts des herrlich türkisfarbenen Wassers, das sich einem in geradezu verschwenderischer Schönheit links und rechts der Strecke von Miami nach Key West präsentiert, verfällt man leicht dem irrigen Glauben, dass es hier auf den Keys unzählige Traumstrände gibt. Das ist aber nicht wirklich so, denn die schönsten Gebiete befinden sich unter Naturschutz und sind schwer zugänglich und touristisch überhaupt nicht erschlossen.

Es lohnt sich also, einen Stopp im Bahia Honda State Park einzulegen, denn dieser dazugehörige Strand wurde schon mehrfach zum schönsten Strand der USA gekürt. Neben drei Campingplätzen gibt es sechs Hütten am Strand mit Platz für jeweils acht Personen, einen Yachthafen, an dem man Surfbretter mieten kann, und einen kleinen Imbiss. Außerdem befindet sich hier ein Tauchshop, der kleine Boote und Kajas vermietet und Auskunft erteilt über die Schnorcheltouren zum Riff des nahe gelegenen Lone Key. Der Strand eignet sich bestens für einen Badeausflug mit Kindern, da das Wasser im Uferbereich sehr seicht ist.

Bahia Honda Key
Big Pine Key
36850 Overseas Hwy.
Tel. 305 872 2353

Tauchen im Bahia Honda Channel

Zwischen der alten und der neuen Brücke lockt einer der tiefsten Kanäle der Keys viele Taucher an, die an den Brückenpfeilern entlang tauchen. An diesen tummeln sich unzählige bunte Fische und Langusten. Auch Schwämme und Korallen sind in reicher Zahl zu entdecken. Allerdings sollte man aufgrund der schnellen Strömung in diesem Kanal schon richtig gut tauchen können. Auch vor Seeigeln und Feuerkorallen wird mitunter gewarnt, nähere Auskünfte erteilt der Bahia Honda Dive Shop.

Bahia Honda Dive Shop
Tel. 305 872 3210

Frühstück bei Harriette´s

Auf Key Largo (Mile Marker 96), gibt es das leckerste Frühstück ever! Ein paar ältere Damen betreiben den Imbiss mit großer Leidenschaft, die Portionen sind ordentlich, die Preise zivil.

Harriette´s Restaurant
95710 Overseas Hwy

Robbie´s Pier – Islamorada

Am Kai, an der die Fähre nach Lignumvitae Key an- und ablegt, werden jeden Tag die bis zu 2,5 m langen Tarpons gefüttert – ein seltenes Schauspiel und besonders bei Kindern sehr beliebt.

Robbie´s Pier
Mile Marker 77,5
www.robbies.com

Florida Keys Wild Bird Center – TIPP für Kids

Besonders für Kinder ist dieser Halt ein echtes Highlight. Ein Tierarzt hat 1984 seine Arbeit hier aufgenommen und mittlerweile führt er eine beeindruckende Vogelklinik, in der man Kormorane, Ibisse, Kraniche und Pelikane aus nächster Nähe beobachten kann. Die freundlichen Führer beantworten sämtliche Fragen mit Geduld und großer Kenntnis.

Florida Keys Wild Bird Center
93600 Overseas Hwy. Tavernier
Tel. 305 852 4486
www.fkwbc.org

Bild rechts: Tarpon umgeben von einem Fischschwarm

Key West

STADTPLAN KEY WEST

Legende zum Stadtplan auf den folgenden Seiten

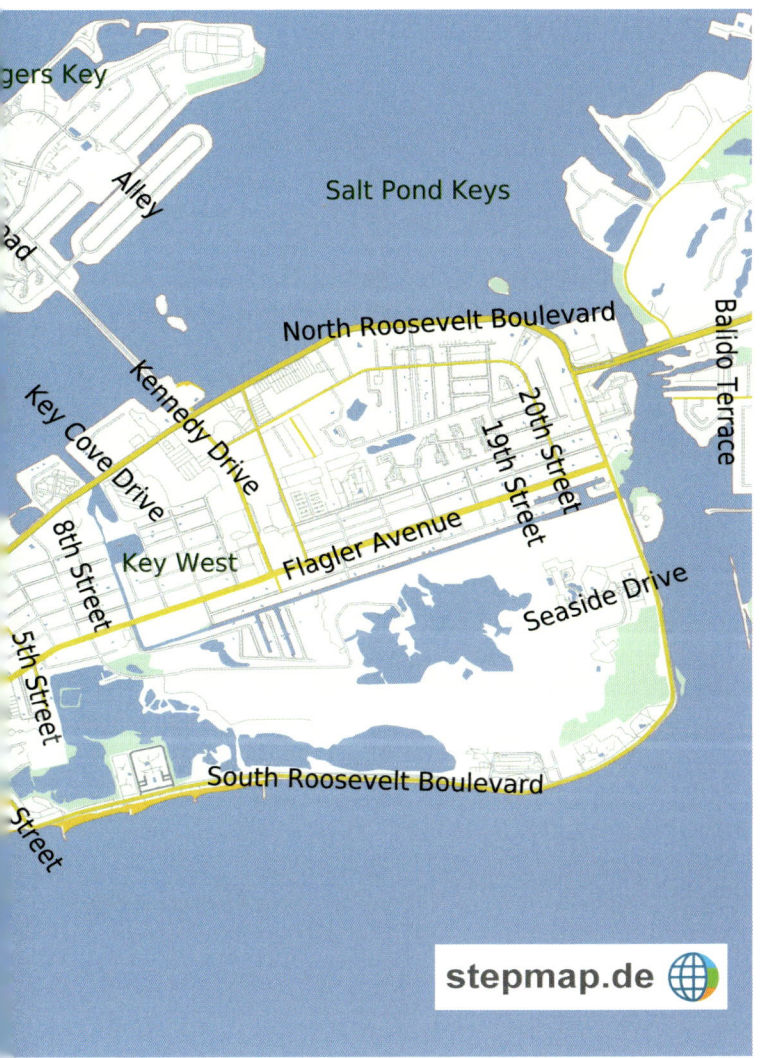

LEGENDE ZUM STADTPLAN

Sehenswertes
1 Audubon House S. 172
2 Southernmost Point S. 173
3 Florida Keys
   Eco-Discovery Center S. 174
4 Key West Art & Historical
   Society Custom Museum S. 174
5 Key West Butterfly
   & Nature Conservatory S. 175
6 Key West Cemetery S. 175
7 Key West Shipwreck
   Treasure Museum S. 175
8 Key West Turtle Museum S. 176
9 Little White House S. 176
10 Mel Fisher Maritime
   Heritage Museum S. 177
11 Ripley's Believe It Or Not S. 177
12 San Carlos Institute S. 178
13 Tennessee Williams
   Key West Exhibit S. 178
14 Ernest-Hemingway-Haus S.180
15 Key West's Original
   Ghost Tour S. 184

Nachtleben
1 Aqua Nightclub S.187
2 Bone Island Brewing S. 187
3 801 Bourbon Bar S.187
4 Capt. Tony´s Saloon S. 188
5 Flying Monkeys S. 188
6 Green Parrot Bar S. 189
7 Little Room Jazz Club S. 189
8 Sloppy Joe´s S. 189
9 The Rum Bar S. 190
10 Vinos on Duval S. 190
11 Waterfront Brewery S. 190

Übernachten
1 Avalon Bed & Breakfast S. 192
2 Chelsea House S. 192
3 Duval House S. 192
4 Island House S. 193
5 Key Lime Inn S. 193
6 Key West
   Bed & Breakfast S. 194
7 Key West
   International Hostel S. 194

8 Marquesa Hotel S. 194
9 Ocean Key Resort & SPA S. 194
10 Santa Maria Suites S. 195
11 Southernmost Beach Resort S. 195
12 Sunset Key Cottages S. 195
13 The Gardens Hotel S. 196
14 Truman Hotel S. 196
15 Waldorf Casa Marina S. 197

Essen & Trinken
1 Alonzo's Oyster Bar S. 198
2 Banana Café S. 199
3 Better than Sex S. 199
4 Bien S. 199
5 Blue heaven S. 200
6 Café Marquesa S. 200
7 Cuban Coffee Queen S. 201
8 Hog's Breath Saloon S. 201
9 El Siboney S. 201
10 Mangia Mangia S. 201
11 Nine One Five S. 202
12 Pepe's Café S. 202

13 Provisions of Key West S. 202
14 Santiago's Bodega S. 202
15 The Cafe S. 203

Shopping
1 El Meson de Pepe S. 210
2 3D mini me S. 210
3 Emerald's International S. 210
4 Isle Cook Key West S. 211
5 Key West Aloe S. 211
6 Peppers of Key West S. 211
7 Rodriguez Cigar Factory S. 211
8 Millionaire Gallery S. 213
9 Guild Hall Gallery S. 213

GESCHICHTE IN KÜRZE

Die Geschichte dieser Insel begann 1513, als Piraten auf den Keys auftauchten, um sich einige Unterschlüpfe auf der Insel einzurichten. Zur gleichen Zeit entdeckte der spanische Entdecker Juan Ponce de León die kleine Insel und das Gebiet wurde kurzerhand der Spanischen Krone einverleibt.

Als Ponce de León auf seiner nächsten Reise von einem vergifteten Indianer-Pfeil getroffen wurde und in die ewigen Jagdgründe einging, schnappten sich die Engländer zunächst das Eiland, gaben es jedoch 20 Jahre später wieder an die Spanier zurück. In der Folgezeit wurde die Insel zwischen den Seemächten noch ein paarmal hin- und hergeschoben, wobei niemand wirklich einen wirtschaftlichen Nutzen daraus zu ziehen wusste. Bis ein gewiefter Geschäftsmann namens John Simonton das Potential der Insel witterte und sie zunächst kaufte, in Teilen dann an andere Geschäftsleute weiter verkaufte und schließlich das Gebiet der U.S. Navy so lange schmackhaft machte, bis sie schließlich anbiss und die Insel 1822 offiziell zum Gebiet der Vereinigten Staaten von Amerika erklärte. Die Insel entwickelte sich daraufhin zu einem bedeutenden Marinestützpunkt und Mitte des 19. Jahrhunderts wurde Fort Zachary Taylor, eine wichtige Küstenbefestigung für die US-Armee, errichtet.

Etwa zur gleichen Zeit verdiente die stetig wachsende Anzahl von Wreckern eine Menge Geld damit, in dem sie sich auf das Bergen von gesunkenen Frachtschiffen spezialisierten und einiges an Werten vom Grund des Meeres holten. 1868 setzte dank der kubanischen Immigranten die Produktion von Zigarren ein. Jedes Jahr wurden etwa 100 Millionen Zigarren produziert. Im Nu entstand ein verlässlicher Wirtschaftszweig, der 3000 Frauen und Männer in Lohn und Brot stellte.

Key West wurde schließlich zu

Kanonen im Fort Zachary Taylor

einer der reichsten Städte der Vereinigten Staaten. Mit dem Anschluss an das Eisenbahnnetz von Henry Flaglers Floridas East Coast Railway 1912 kamen noch mehr Besucher, und nachdem die Eisenbahnlinie durch einen Hurrikan zerstört wurde, begann der Bau des Overseas Highways, der noch heute jedes Jahr Tausende Besucher nach Key West führen.

Die Conch Republic – Mikronation mit Schildbürgeranstrich

Jedes Jahr im April feiern die Insulaner den Geburtstag ihrer so genannten „Conch Republic". Damals erklärten die Florida Keys gegenüber den Vereinigten Staaten ihre Unabhängigkeit. Vorausgegangen waren die Proteste gegen eine Kontrollstelle auf dem Highway Nr. 1, der den Behörden beim Aufspüren illegaler Einwanderer und Drogendealer helfen sollte. Letztendlich führte der Kontrollposten aber nur dazu, dass sich kilometerlange Staus auf der Strecke bildeten. Die Reisenden, die Key West nach stundenlanger Warterei in der Blechlawine endlich erreicht hatten, kamen als gestresste und schlecht gelaunte Touristen auf der Insel an. Die Bewohner fürchteten völlig berechtigt um ihre touristische Einnahmequelle und verlangten von der US-Regierung eine sofortige Aufgabe des Kontrollpostens.

Nachdem die Regierung auf diese Forderung nicht reagierte, wurde die Unabhängigkeit der Conch Republic proklamiert, und damit auch nicht der leiseste Zweifel an der Willensstärke der „Rebellen" aufkam, erfolgte gleichzeitig eine Kriegserklärung der Conch Republic gegen die Vereinigten Staaten von Amerika. Mit trockenen Weißbrotstangen bewaffnet und unter der Flagge ihrer gerade aus der Taufe gehobenen Republik, kam es schließlich zur Kapitulation der Abtrünnigen. Nicht aber, ohne vorher im Weißen Haus eine Entschädigungsleistung für den Wiederaufbau ihrer Insel von einer Milliarde US$ verlangt zu haben. Ganz entgegen ihrer sonstigen Vorgehensweise gab die amerikanische Regierung schließlich nach und entfernte den Stein des Anstoßes, nämlich die Kontrollstation auf dem Highway Nr. 1. Und egal, wie wenig ernst der Rest der Welt diese „Staatsgründung" genommen haben mag, so muss man den Insulanern doch zugestehen, dass sie mit Mut und Beharrlichkeit ihre Ziele erreicht haben und ihre

Regierung nebenbei ordentlich vorgeführt haben. Seit diesem Vorfall jedenfalls wird den Insulanern ein ganz eigener widerständiger Charakter zugesprochen, der für seine Werte wie Freiheit und Gleichheit nötigenfalls mit der Hand am Baguette bis zum letzten Krümel in den Kampf ziehen würde. Der Wahrheitsgehalt dieser heroisierenden Charakterisierung ihrer Landsleute sei hier einmal aufs Schärfste in Zweifel gestellt. Fakt ist, dass diese angebliche Ansammlung von geborenen Musketieren eben jene angelockt hat, die genauso waren oder sein wollten. Die Gegenwart hat sich hier quasi selbst erfunden.

Flagge der Conch Republic

SEHENSWERTES

Das Städtchen am südlichsten Zipfel der Vereinigten Staaten ist mit seinen gerade mal 18,75 Quadratkilometern recht überschaubar und auch die Zahl der Sehenswürdigkeiten hält sich in Grenzen. Das Schöne ist, dass man alles Wichtige bequem zu Fuß oder mit dem Fahrrad erreichen kann. Wer sich lieber herumkutschieren lassen möchte, kann auch eine organisierte Tour mit dem Trolley- oder Conchtrain unternehmen, wobei man seinen Rhythmus komplett selbst bestimmen kann. Überall, wo es einem gerade gefällt, kann man aussteigen, sich in aller Ruhe umsehen und dann einfach zu einem späteren Zeitpunkt auf den nächsten Zug aufspringen.

Das Herzstück von Key West ist die Duval Street, die benannt ist nach dem ersten Gouverneur Floridas. Diese Straße, die eine ungeheure Fülle von Geschäften, Galerien, Restaurants und Bars zu bieten hat, verwandelt sich gegen Abend hin in eine laute Amüsiermeile, auf der heitere Zecher mit grell geschminkten Transvestiten über Politik diskutieren und aus jeder Richtung rockige Live-Musik dringt. Dazwischen engagierte Verkäufer, die nicht müde werden, das Beste aus den Touristen rauszuholen, nämlich ihr Geld und wenn der Papagei nicht zieht, der den Flaneuren für ein teures Foto auf den Kopf gesetzt wird, dann versuchen sie es mit temporären, schlecht gemachten Tattoos, die teilweise so überteuert sind, dass man sich an den Kopf fassen möchte. All dies verzeiht man den hier Lebenden, denn schließlich teilen sie ihr Paradies das ganze Jahr über so verschwenderisch mit jedermann, da gibt es nicht eine einzige saisonabhängige Pause von den unendlichen Touristenströmen, die entweder mit dem Wagen oder dem Flugzeug anreisen oder als lärmende und vergnügungshungrige Masse aus dem Bäuchen der riesigen Kreuzfahrtschiffe quellen. Jeden Tag, 365 Tage im Jahr und dazu die immer gleichen Fragen der Leute, die fast immer freundli-

Überall auf Key West zu sehen: Häuser im Conch-Stil

chen, milden Temperaturen und das unendliche Blau des Meeres. Dazu der tagtäglich zelebrierte Sonnenuntergang mit einer Sonne als Hauptprotagonistin, die jeden Abend mit Beifall runtergejubelt wird von der Bühne und trotzdem jeden Tag wieder verlässlich an ihrem Platze prankt. Wie kann man da nur so ruhig und gelassen bleiben, denkt man spontan. Von der Beharrlichkeit, ihrem Fleiß, ihrer ehrlichen Milde, ihrer unkonventionellen, freundlichen Art, die darauf schließen lässt, dass man es hier mit reifen Personen zu tun hat, gesegnet mit einem autonomen Geist und dem zurückgelehnten Ausdruck eines Menschen, der sie schon alle kommen und gehen hat sehen, von solchen

Menschen kann man etwas lernen. Zum Beispiel, dass der Weg das Ziel ist und das homogene Empfinden der verrinnenden Zeit eben nicht mürbe macht, sondern ein beruhigend routinierter Automatismus die Dinge lenkt. Sind das etwa alle Cyborgs, diese Conches? Der sechzigjährige Kapitän, der nach vierzig Jahren Meer satt, und dies tagtäglich, noch immer leuchtende Augen bekommt, sobald eine Delfinflosse am Horizont erscheint, das grenzt an ein Wunder. Was ist das Geheimnis dieser Menschen hier, grübelt man unaufhörlich. Warum sind sie so irritierend beständig, so freigebig gutlaunig und entspannt, bei jeder Frage glaubhaft neugierig, wo es doch bei den Antworten keine Überraschungen gibt. Kiffen die hier alle gleich nach dem Aufstehen? Ganz sicher nicht. Ein Cocktailmixer hat es zu beantworten versucht und dies nicht schlecht: „Nicht die Dinge beunruhigen uns, sondern die Meinung, die wir von den Dingen haben. Ein Problem ist reine Kopfsache. Einfach weitermachen. Das hilft."

Audubon House and Tropical Garden

Der Name ist irreführend, denn nicht der berühmte Ornitologe und Vogel-Zeichnner lebte in diesem imposanten Haus, sondern ein Kapitän namens John Geiger, der sich mit dem Bergen und Ausschlachten gesunkener Schiffe eine goldene Nase verdient hat. Er konnte es sich leisten, in Key West das eleganteste und luxuriöseste Haus der Stadt zu bauen, und auch was den Garten betrifft, so sind sich die Einheimischen einig darüber, dass es weit und breit keinen schöneren gibt.

John James Audubon (das Hauptwerk des Vogelkundlers, der von 1785 bis 1851 lebte, heißt „Die Vögel Amerikas") war lediglich einmal auf Besuch in Key West. Das Anwesen des Wreckers – so nannte man jene Glücklichen, die aus der Not der anderen eine Tugend zu machen wussten und die Schiffe oder besser gesagt wohl eher das kostbare Innenleben vom Meeresgrund herauf holten, um damit Handel zu betreiben. Dieses Anwesen lief eine Zeitlang Gefahr, abgerissen zu werden und die engagierten Denkmalschützer der Insel brauchten schnell einen bekannten Namen, damit sie das Haus in ein Museum umwandeln und auf diese Weise vor der Abrissbirne bewahren konnten. Die Herangehensweise der Denkmalschützer ist übrigens typisch für die Bewohner von Key West, wenn es darum geht, schnelle und unbürokratische Lösungen aus dem Hut zu zaubern. Und richtig gelogen hat schließlich niemand, denn noch heute befindet sich in dem schönen Gebäude eine kleine Ausstellung, die dem Vogelexperten gewidmet ist und an seinen Besuch auf der Insel erinnert.

Einen Besuch ist dieses Haus auf jeden Fall wert, besonders interessant sind neben Traumhaus und Traumgarten die Kinderspielzeuge aus den 1830er Jahren.

Audubon House
& Tropical Garden
205 Whitehead St
Tel. 305 294 2116
www.audubonhouse.com

Boje am Southernmost Point

„Gibt´s hier was umsonst?", denkt man spontan, wenn man die lange Schlange von Leuten betrachtet, die sich vor der berühmten Boje einfindet, um das wichtigste Foto ihres Uhrlaubs zu knipsen. Jeder Besucher möchte dort stehen, am südlichsten Punkt der USA, von dem es nur 94 Meilen bis nach Kuba sind. Ja genau: Jeder spricht von 90 Meilen, in Wirklichkeit sind es vier Meilen mehr.

Boje am Southernmost Point
Whitehead St & South St
Tel. 305 295 3562

Der südlichste Punkt des nordamerikanischen Kontinents

Florida Keys Eco-Discovery Center – TIPP für Kids

Dieses Museum ist auch für Kinder sehr interessant. Der etwa 20-minütige bildlastige Info-Film zu Flora und Fauna der Florida Keys ist nicht nur eine Augenweide, sondern obendrein sehr informativ und kurzweilig. Und das Beste: Das Museum ist kostenlos, eine kleine Spende ist allerdings angebracht!

**Florida Keys
Eco-Discovery Center
35 E Quay Rd
Tel. 305 809 4750**

Key West Art & Historical Society Custom House Museum

In dem faszinierenden Museum erfährt man eine Menge über die Rolle der Navy auf der Insel. Außerdem über die Geschichte der Eisenbahn und welche Rolle der Pionier Flagler darin gespielt hat. Vor allem an heißen Tagen ist ein Rundgang durch die angenehm klimatisierten Räume die reinste Wohltat!

**Key West Art & Historical
Society Custom House Museum
281 Front St, Tel. 305 295 6616**

Statue vor dem Key West Art & Historical Society Custom House Museum

Key West Butterfly and Nature Conservatory

Es gilt als Zeichen großen Glücks, wenn ein Schmetterling auf einem landet. Und angesichts der 2000 Tierchen in dem schönen Schmetterlingshaus gar nicht so unwahrscheinlich. Außerdem gibt es auch Flamingos zu sehen, auch herrlich blühende Krokusse.

Key West Butterfly and Nature Conservatory
1316 Duval St
Tel. 305 296 2988

Key West Cemetery

Will man die Mentalität der Einwohner begreifen, sollte man sich ruhig mal an dem Ort ihrer Toten umschauen. Dass die Inselbewohner einen besonderen Humor haben, zeigen außergewöhnliche Grabinschriften wie etwa: „Ich habe dir doch gesagt, dass ich krank bin." Die 90-minütigen Führungen, die mitunter richtig witzig sind, beginnen am Dienstag und Donnerstag jeweils um 9.30 Uhr beim Büro am Eingang Margaret Street.

Key West Cemetery
Olivia & Windsor St
Tel. 305 393 6718

Key West Shipwreck Treasure Museum

In einem antik anmutenden Raum können einige Wrackfunde samt Beschreibung bestaunt werden. Noch interessanter sind die Ausführungen eines Schauspielers, der Auskunft darüber gibt, wie man früher gesunkene Schiffe vom Meeresgrund herauf holte. Wer zuerst vor Ort war, so lautete die Regel, durfte sich bedienen und alles mitnehmen, was die Schiffsleichen so zu bieten hatte. Auf Key West, wo unzählige Schiffe untergingen, entstand mit dem Wrecking eine Industrie, die den Einheimischen eine Zeitlang großen Wohlstand bescherte.

Key West Shipwreck Treasure Museum
1 Whitehead St
Tel. 305 292 8990

Das Little White House diente Harry Truman als Feriendomizil

Key West Turtle Museum

Jede Menge Infos über Schildkröten, aber keine Schildkröte weit und breit! Aus Artenschutzgründen natürlich. Dies erfährt man und noch ungeheuer viel mehr über die imposanten Überbleibsel der Urzeit. Sollte der Kurator anwesend sein, fragen Sie ihn ruhig. Er ist sozusagen eine allwissende Schildkröte und ungemein freundlich und hilfsbereit. Kostenloser Eintritt, erwünscht ist eine Spende.

**Key West Turtle Museum
200 Margaret St
Tel. 305 294 0209**

Little White House

Wie das Weiße Haus in Washington sieht das Feriendomizil von Harry S. Truman nicht gerade aus. Ein Besuch des Anwesens ist dennoch empfehlenswert, immerhin lenkte der Präsident in diesem Gebäude zeitweilig die Geschicke der Vereinigten Staaten und soviel Macht muss eine bleibende Ausstrahlung hinterlassen, denkt man. Und genau dieses Gefühl drängt sich einem entgegen, sobald man seine fast peinlich gewöhnlichen und ziemlich uninteressanten Zimmer durchschreitet. Denn nicht die Gegenstände machen das Museum aus, sondern die Vergangenheit, die sich hier einfindet, weil jedes Kratzen einer Feder auf rauhem Papier eine Unterschrift war zu einer wichtigen Sache, die heute noch Bedeutung hat. Denn darum geht es ja im idealen Falle beim Regieren. Dies nicht nur zu tun, um das System am Laufen zu halten, sondern, um es zu optimieren. Das Gegenteil von Dienst nach Vorschrift vorzuleben, ist eine real vorgelebte und glaubwürdige Botschaft eines Präsidenten, der seinen Landsleuten und Anvertrauten ein Weiterkommen in Aussicht stellt und das Streben danach als Standardaufgabe abarbeitet ohne große Fragerei. Den Genius loci eines per se interessanten Gebäudes zu suchen, das macht wirklich Spaß.

Schon der Tour-Guide, der interessante und witzige Anekdoten über Truman und sein Schaffen zum Besten gibt, machen den Besuch lohnenswert.

Little White House
111 Front St
Tel. 305 294 9911

Mel Fisher Maritime Heritage Museum

Wer sich für die Schatzsuche und altertümliche Münzen interessiert, kann hier gut und gerne zwei Stunden verbringen. Mit Hilfe des Audio-Guides erfährt man allerhand Wissenswertes zur Geschichte der Exponate und wie sie gefunden wurden. Auch über den Sklavenhandel, der auf den Keys stattfand, erfährt man so einiges und natürlich jede Menge Piratengeschichten. Ausgestellt werden unter anderem tolle Fundstücke, historische Dokumente und Fotos.

Mel Fisher Maritime
Heritage Museum
200 Greene St
Tel. 305 294 2633

Ripley´s Believe It Or Not

Vor allem für Familien mit Kindern ist dieses Museum der Merkwürdigkeiten mit seinen interaktiven Ausstellungen ein toller Ort. Achtung: Fragen Sie im Hotel nach Gutscheinen für dieses Museum, manchmal gibt´s welche!

Ripley's Believe It Or Not
108 Duval St
Tel. 305 293 9939

San Carlos Institute

Das San Carlos Institute wurde 1871 von kubanischen Exilanten von Key West als pädagogisches, zivil- und patriotisches Zentrum gegründet. Man erfährt viel Wissenswertes über die wechselvolle Geschichte Kubas, der Revolution und natürlich über die Flüchtlings-Ströme, die in deren Folge in das Land der unbegrenzten Möglichkeiten kamen.

San Carlos Institute
516 Duval St
Tel. 305 294 3887

St. Augustine Pirate & Treasure Museum

In diesem Museum können Besucher eine Zeitreise in das Leben von Freibeutern und Piraten unternehmen. Zu sehen ist unter anderem eine der drei letzten noch existierenden echten Piratenflaggen. Viel Wissenswertes erfährt man von den Guides, die als Piraten verkleidet sind und allerlei Anekdoten über berühmte Piraten zum Besten geben.

Nicht nur für Kids interessant, die während der Ausstellung nach Schätzen suchen dürfen.

St. Augustine Pirate
& Treasure Museum
12 S Castillo Dr
Saint Augustine
Tel. 877 467 5863

Tennessee Williams Key West Exhibit

Ein Muss für Literatur-Freunde und umso mehr eines für TW-Fans. Im Grunde ist die Ausstellung ein Tribut an den amerikanischen Schriftsteller. Zu sehen sind Fotografien, Filmposter, Zeitungsartikel und natürlich eine originale Schreibmaschine des Dramatikers. Der Eintritt ist kostenlos, eine kleine Spende wäre schön!

Tennessee Williams
Key West Exhibit
513 Truman Street
Tel. 305 842 1666

*Ebenfalls sehenswert: hölzerne Strecken-
angaben nahe des Fort Zachary Taylor*

Ernest-Hemingway-Haus

Hemingway hat Key West geliebt! Bei einem Rundgang durch das Anwesen aus dem 19. Jahrhundert schlendert man durch einen schönen, von etlichen Katzen bevölkerten Hibiskusgarten und kann einen riesigen Swimmingpool bestaunen, dessen kostenintensiver Erwerb durch seine Frau Hemingway sehr geärgert haben soll. Auch die Schreibmaschine steht noch an Ort und Stelle, an der Hemingway sein Werk „Haben und Nichthaben" geschrieben hat.

**Ernest-Hemingway-Haus
907 Whitehead Street
Tel. 305 294 1575**

ERNEST HEMINGWAY
(21. Juli 1899 – 2. Juli 1961)

Ernest Hemingway kam 1928 das erste Mal nach Key West, um dort zusammen mit seiner zweiten Ehefrau Pauline die Ferien zu verbringen. Für den Schriftsteller war es Liebe auf den ersten Blick. Die Tage waren angereichert mit üppigen Fischfängen am Tage und nicht weniger üppigen Trinkgelagen am Abend und in der Nacht. Bald beschloss der Lebemann, ganz nach Key West umzuziehen und das mondäne Haus in der Whitehead Street, ein Hochzeitsgeschenk übrigens von Paulines Onkel, wurde zu seinem ersten amerikanischen

Hemingway´s Stammlokal: das Sloppy Joe´s

Eigenheim.

Ein paar Meter von seinem Haus entfernt, befindet sich noch heute seine Stammbar, das „Sloppy Joe´s". Am besten findet man sich dort nach einem Besuch des Hemingway-Anwesens ein, dann kann man umso besser nachvollziehen, warum dieser Ort den Schriftsteller so begeistert hat. An der Bar trank er so manche Nacht durch und angesichts seiner Lebensgeschichte kann man durchaus verstehen, dass es Erinnerungen in seinem Kopf gab, denen man nur mit einem starken Stoff wie Rum oder Wodka beikommen konnte. Dass es Erinnerungen an schlimme Ereignisse waren, die Hemingway so in Depressionen stürzten und letztendlich in den Suizid trieben, ist natürlich nur eine Mutmaßung, zumal ihm und seinem Vater, der ebenfalls Selbstmord beging, im nachhinein jeweils eine bipolare Störung zugeschrieben wurde. Zu einer Zeit wohlgemerkt, da die Gehirn-Forschung noch in den Kinderschuhen steckte und man weit davon entfernt war, die Depression als solche als eine Krankheit zu betrachten. Während man früher Elektroschocks verordnete und die Kranken mit schweren Pharmazeutika ruhig stellte, würde man Hemingway heute vermutlich einfach in eine psychosomatische Fachklinik vom Feinsten einweisen und ihn eine Weile vom Alkohol fernhalten. Möglicherweise litt der Schriftsteller auch an einem posttraumatischen Belastungs-Syndrom, denn nach seinem Tod sind unveröffentlichte Briefe von ihm aufgetaucht, in denen er berichtet, in den beiden Weltkriegen 122 deutsche Soldaten getötet und einen Kriegsgefangenen mit mehreren Schüssen niedergestreckt zu haben. Seine Tätigkeit als Kriegsberichterstatter, seine zwei schweren Kriegs-Verletzungen und schließlich zwei Flugzeugabstürze, die er ebenfalls schwer verletzt überlebte, dürften Grund genug für seine immer wieder auftauchenden Depressionen gewesen sein. Aber dies ist natürlich nur die eine Seite der Medaille, denn zumindest finanzielle Nöte hatte er nie gekannt. Von

Geburt an war ihm großer Wohlstand beschieden und ein hohes Ansehen seiner Familie über die Ortsgrenzen seiner Geburtsstadt Oak Park hinaus.

Wenn man heute aus einem der Fenster seines luxuriösen Hauses in den riesigen Garten blickt, wo noch heute die Nachfahren seiner Katze Snowball herum toben – übrigens einfach zu erkennen an ihren sechs Zehen – einem vererbten Gendefekt, oder wenn man am Tresen seiner Bar steht und der grandiosen Live-Musik lauscht, dann kommt einem zu Bewusstsein, wie glanzvoll dieses Leben doch in Wirklichkeit gewesen ist. Dass der Schriftsteller leidenschaftlich seinen Hobbys nachgehen konnte und besonders große Freude am Boxen, Fischen und Jagen hatte. Dass er sein ganzes Leben den Frauen sehr zugetan war und umgekehrt auch die Frauen ihn liebten und dass er gesunde, prächtige Kinder hatte und auch beruflich nichts zu beklagen hatte. Denn was konnte sich schließlich ein Schriftsteller mehr wünschen,

als nicht nur den Pullitzer-Preis, sondern sogar den Nobelpreis für Literatur zu seinen Verdiensten zu zählen. Und obendrein war es ihm gelungen, sich nicht nur aufgrund seiner brillanten Erzählungen in die oberste Riege der amerikanischen Literatur zu katapultieren, sondern sogar mit dem so genannten Eisberg-Modell einen eigenen, erzähltheoretischen Ansatz zu formulieren, der noch heute in der Literatur von Bedeutung ist. Das Eisberg-Modell ist – seinem Inhalt entsprechend – in wenigen Worten erklärt. „Ein Eisberg bewegt sich darum so anmutig, weil sich nur ein Achtel von ihm über Wasser befindet", erklärte der Schriftsteller und meinte damit, dass die niedergeschriebenen Inhalte eben nicht ausufernd und bis ins Detail geschildert werden müssen. Sein Credo lautete daher: „Wenn der Schriftsteller nur aufrichtig genug schreibt, wird der Leser das Ausgelassene genauso stark empfinden, als hätte der Autor es zu Papier gebracht." Oder um es noch kürzer zu verdeutlichen. Jemand, der nach dem Eisberg-Modell lebt, über den würde man später sagen: geredet hat er ja nicht viel, aber was er sagte, das hatte immer Hand und Fuß." Typisch für die Erzählweise ist ein einfacher, lakonischer Sprachfluss mit kurzen Sätzen. Ohne Schnörkel und für jedermann schnell verständlich. Das war Ernest Hemingway, eine beeindruckende Person, dem die Götter alles geschenkt hatten, und um es mit Schillers Worten zu sagen: „Alles geben die Götter ihren Lieblingen ganz. All die Freuden, die unendlichen, all die Leiden, die unendlichen. Ganz." Je länger man an diesem Tresen steht, desto klarer wird einem übrigens die Sache mit dem Eisberg-Modell. Und dass sich dahinter sicherlich auch der unstillbare Wunsch verbarg nach Gefährten und Freunden, die weise und klug waren und ihn verstanden. Bei denen ein gewisses Wissen schon vorausgesetzt wurde und man ohne große Erklärung neue, größere, daraus wachsende Ideen entwickeln

konnte. Auch freut es seine Leser noch heute, wenn sie merken, dass sie ernst genommen werden und dass man ihnen durchaus etwas abverlangt, nämlich selbst zu denken. Fans gewinnt dieser interessante Mann jedenfalls noch nach seinem Tode in steigender Zahl. Und trotzdem, trotz all dieser glanzvollen Dinge, die ihn umgaben, trotz seiner unzähligen Reisen und Abenteuer war der Mann so unglücklich, dass er nicht anders konnte, als sich mit 61 Jahren eine Kugel in den Kopf zu jagen mit einer Flinte, die er zärtlich „meine glatte, braune Geliebte" genannt hatte. Warum nur Hemingway? Hast Du den alten Mann und das Meer vergessen, die Tapferkeit beider, der Überlebenswille der beiden und den unbändigen Kampfgeist des alten Mannes? Die Antwort bleibt der traurige Trinker dem Leser schuldig, dem Saufkumpanen jedoch nicht, denn der weiß Bescheid. In diesem Sinne lasst uns anstoßen auf ihn, den die Welt nicht so schnell vergessen wird! Es lebe Ernest Hemingway!

GUT ZU WISSEN

In den Yachthäfen von Key West werden jede Menge Schnorcheltouren, Segeltrips und Fahrten mit Glasbodenbooten zur Entdeckung der Unterwasserwelt angeboten. Ausflugsboote zum Tiefseeangeln legen von der City Marina nahe Garrison Bight und Roosevelt Boulevard ab. Hier startet auch die Fähre Yankee Freedom III, die Besucher zum entlegensten Nationalpark der USA bringt, dem Dry Tortugas National Park.

Touren-Tipp

Einst war Key West ein Tummelplatz von Piraten, Schmugglern und anderen Ganoven. Kein Wunder, dass die Geschichte der Insel reich ist an Gräueltaten, gruseligen Begebenheiten und ungeklärter Todesfälle. All diese haarsträubenden Geschichten erfährt man auf der Original Ghost Tour, die unter anderem nach Einbruch der Dunkelheit über den Friedhof und in diverse Spukhäuser führt. Für schwache Nerven ist das nichts.

Key West's Original Ghost Tour
430 Greene St
neben Captain Tony's Saloon
Tel. 305 294 9255
www.hauntedtours.com

täglich 20 und 21 Uhr ab
Crowne Plaza La Concha Hotel
430 Duval St

Der schwarze Key-West-Ghost-Tour-Bus

NACHTLEBEN

Viele Key-West-Besucher sind im Rahmen einer Tour hier, die es mit Miami zu gut gemeint hat und die am Ende zugeben müssen, dass hinten die ein der zwei Tage Insel-Urlaub noch verlängert hätten werden MÜSSEN, damit die Reise als absolut perfekt zu bezeichnen wäre.

Denn wie bitte soll man runterkommen, sich von einer so lebendigen Stadt wie Miami erholen mit ihrer reizüberflutenden und nebenbei noch produktiven Geschwindigkeit, die dem Pulsschlag der Zeit mit der Lautstärke einer Dampfmaschine vorauszueilen scheint.

Dieses kleine Nest, in dessen staubiger Duvalstraße die Prostituierten früher Seite an Seite mit Schmugglern, Tagelöhnern und Taschendieben an der Theke standen und zechten bis zum Morgengrauen. Wo die gierigen und ohnehin ausreichend satten Wrecker nervös die Umbauarbeiten des Leuchtturms beobachteten, weil doch bald kein normaler Mensch mehr auf ein Riff laufen würde, wenn man tatsächlich die neuen, superstarken Leuchtmittel zum Einsatz ... nicht auszudenken, Gott bewahre, denn dies würde mit einem Schlag das Aus einer ganzen Industrie bedeuten. Lieber Klabautermann, stehe uns bei!

Zu dem lichtscheuen Gesindel, den Malern und den Literaten und den wenigen Reichen, die bei den Einheimischen auch als Ex-Gesindel und Schiffsplünderer bekannt sind, gesellten sich schließlich die Hippies, die Schwulen, die Aidskranken, die Modemacher, Sexsüchtigen, vom Tode Gezeichneten, die Aussteiger, Künstler, Esoteriker und Schatz-Sucher. Was dann entstand, ist spannend und explosiv zugleich und am liebsten würde man gleich eine Reportage über die Produkte dieser Verbindungen machen, sprich die Kinder der alten Mädchen präsentieren, die früher rot gefärbte Henna-Haare hatten und heute immer noch.

Die Gründung der Conch-Republik, so lächerlich sie für die einen wirken mag, ist tatsächlich eines der besten Beispiele für basisde-

Tagsüber nichts los – doch nachts blüht die Duval Street so richtig auf

mokratisches Miteinander, Zivilcourage und gelebte Demokratie at its best. Hilfe, und jetzt klingt es wie die Werbung für eine Partei, die bei der nächsten Wahl alles anders zu machen verspricht. Was ich nur sagen wollte: Key West ist cool!

Und auf der Insel anzukommen, heißt erst einmal runterzukommen und tief durchzuatmen, die Sneaker endlich gegen die bei den Städtern und insbesondere in Miami sehr verpönten Flip-Flops einzutauschen und sich in der nächsten Bar einen Cocktail zu gönnen.

Um sich einen Überblick über das Nachtleben zu verschaffen und am Ende froh die Insel hinter sich lassen zu können, ohne einen einzigen Abend in der falschen Bar mit der falschen Person das Falsche getrunken zu haben, empfiehlt sich die Teilnahme an einer geführten Kneipen-Tour. Wer wenig Zeit hat für Key West, kann gleich während der Tour auskundschaften, ob je ein waschechter Kubaner in dem hoch gelobten kubanischen Restaurant so gut gegessen hat wie bei seiner Großmutter oder wo die hübschesten Bedienungen arbeiten und wann ihre Schicht beginnt. In jedem Falle ist eine solche Tour eine gute Investition, denn – ja bitte, wer würde ein anderes Ergebnis erwarten – die Kneipentouren auf Key West sind allesamt ein großer Erfolg.

Man nehme diese ...

Plunder Key West –
A Foodie Drink & History Stroll
Tel. 305 741 7828

Key West Pub Crawl Tour
218 Whitehead St
Tel. 305 294 7170

Aqua Nightclub – TIPP für Dragqueen-Fans!

Diese sollte man nicht verpassen. Sowohl die Darbietung der Drags als auch ihre wunderbaren Kostüme machen den Abend zu einem unvergesslichen Erlebnis. Hinterher kann man sein Talent als Karaoke-Sänger unter Beweis stellen. Ungelogen: In diesem Nachtclub finden die amüsantesten Abende des Urlaubs statt.

Aqua Nightclub
711 Duval St
Tel. 305 294 0555

Bone Island Brewing

Braumeister und zertifizierter Biersommelier Jim Brady und Kaufmann Richard Tallmadge sind die Inhaber dieses netten Lokals in der 1111 Eaton Street. Die Mini-Brauerei offeriert verschiedene Bier-Sorten von einem leichten „Hellen" bis hin zu einem irischen Starkbier, die nur vor Ort verkauft werden. Besucher können auch eine Besichtigungstour durch die Brauerei machen und Biere wie das süffige „Calusa Pale Ale" kosten.

Bone Island Brewing
www.boneislandbrewing.com

801 Bourbon Bar – TIPP für Schwule und Solo-Reisende!

Kann es sein, dass Drags eine Vorliebe für das politische Debatieren besitzen und sich darauf spezialisiert haben, in ihren Gesprächen so politisch unkorrekt wie möglich zu sein? Wie dem auch sei, das alles kann man an der Bar mit den Mädels selbst heraus finden. Grandios jedenfalls die Cabaret Shows im zweiten Stock. Schnell wird ein als Solo-Tour geplanter Abend zu einer riesigen Party mit neuen Bekannten.

801 Bourbon Bar
801 Duval St
Tel. 305 294 4737

Capt. Tony´s Saloon

Die Bar mit ihren unzähligen Dollarscheinen an der Decke und an den Wänden ist Kult, ein Besuch praktisch schon Pflicht. Tolles Publikum und großartige Livemusik.

Capt. Tony´s Saloon
428 Greene St
Tel. 305 294 1838

Flying Monkeys

Obwohl nicht handmade, gibt´s hier die leckersten Frozen Daiquiris der Stadt. Auch sämtliche Speisen, angefangen von der Ozeanplatte bis hin zu den Spareribs – ein Gedicht!

Flying Monkeys
227 Duval St
Tel. 305 294 7525

In Capt. Tony´s Saloon sind sogar die Toiletten mit Dollarscheinen verziert

Green Parrot Bar

Wer einmal die typische Key-West-Bar-Atmoshäre schnuppern möchte, sollte einen Abend im Green Parrot verbringen. Hier mischen sich Einheimische mit Touristen, die Getränkepreise befinden sich auf unterstem Niveau, die Qualität der Liveband pendelt sich mit fortschreitendem Abend eher auf dem obersten Level ein. Eine perfekte Kombination, wenn Sie mich fragen. Kein Wunder, dass die Stimmung sensationell ist und man hierher getrost alleine kann. Man wird es nicht lange bleiben, versprochen. Für den „kleinen Hunger" zwischendurch holt man sich nebenan bei Babalou's was Leckeres zu essen und darf es mit in die Bar nehmen.

Green Parrot Bar
601 Whitehead St
Tel. 305 294 6133

Little Room Jazz Club

Ein Ort, an dem man in absolut entspannter Atmosphäre gute alte Jazz-, Funk- und Soul-Klassiker genießt, obendrein auf beeindruckende Art und Weise live geboten, was will man mehr? Ja gut, vielleicht eine Jam-Session von allen hier ansässigen Musikern zu erleben. Gibt's das? Mit viel Glück und wenn die Laune stimmt, denn hierher pilgern die anderen Musiker nach ihrer Arbeit, wenn das mal kein gutes Zeichen ist!

Little Room Jazz Club
821 Duval St
Tel. 305 741 7515

Sloppy Joe´s

Der Laden ist und bleibt eine verlässliche Größe auf der Insel. Temperatur, Geschmack und Nachschenk-Geschwindigkeit des hauseigenen Bieres sind einfach genauo perfekt wie die Band, die gerade täuschend echt die Stimme von Curt Cobain nachahmt, wie dieser seine Freundin fragt, wo sie denn heute nacht geschlafen habe. Mit genau dem flehenden, ängstlichen Zittern in der Stimme, einfach grandios!

Sloppy Joe´s
201 Duval St
Tel. 305 294 5717

The Rum Bar

Das macht einfach Spaß, wenn Leute etwas von ihrer Arbeit verstehen. So wie die Bardame dieser beliebten Bar, in der es die leckersten Rum-Cocktails der Stadt gibt und die praktisch mit Rum in den Armen auf die Welt gekommen ist. Ein Muss für Liebhaber perfekter (Männer-) Cocktails.

The Rum Bar
1117 Duval St

Vinos on Duval

Die Bar ist der perfekte Ort, um ein schönes Glas Wein zu genießen und mit netten Leuten ins Gespräch zu kommen. Die Flasche für den Dämmerschoppen im Hotel spter kann man auch gleich einkaufen, wie praktisch!

Vinos on Duval
810 Duval St
Tel. 305 294 7568

Waterfront Brewery

Im historischen Hafen von Key West befindet sich die Waterfront Brewery, die neben typisch amerikanischer Küche auch selbstgebrautes Bier wie etwa das preisgekrönte „Key Lime Wit-

ness" und das „Crazy Lady Honey Blonde Ale" sowie andere Gerstensäfte von lokalen Herstellern ausschenkt. Die nautisch inspirierten Räumlichkeiten eigenen sich auch für private Feiern und größere Events. Die Öffnungszeiten sind täglich von 11 Uhr bis spät in die Nacht.

**Waterfront Brewery
201 William Street**

Single-Frauen willkommen!

Für alleinstehende Frauen ab vierzig, die auf ein amouröses Abenteuer aus sind, ist Key West genau das richtige Pflaster. Man muss nur einigermaßen tageslichttauglich sein, Lederstiefel bis zum Knie und ein schwarzes Stirnband tragen, schon kann man sich vor Verehrern aus der Rocker- und Alt-Hippie-Szene kaum mehr retten. Sobald man ein paar Schritte aus dem Hotel marschiert, pflastern Komplimente und Pfiffe den Weg in die Nacht. Liebe Damen, wenn Sie also gerade ganz tief in der Midlife-Crisis stecken oder eine schmerzhafte Trennung hinter sich haben: Gehen Sie nach Key West, Sie werden sehen, wie heilsam das sein kann!

ÜBERNACHTEN

In Key West selbst gibt es ein riesiges Angebot an verschiedensten Unterkünften, vom einfachen Gästehaus über Motels bis hin zum Luxusresort. Besonders bekannt ist Key West für seine hübschen Boutique und Bed & Breakfast Hotels, in denen man meist in historischen, viktorianischen Holzvillen inmitten tropischer Gartenanlagen übernachtet. Die meisten dieser Hotels befinden sich in den Seitenstraßen rund um die belebte Duval Street. Von hier aus kann man alle Attraktionen der Insel bequem zu Fuß oder mit dem Fahrrad erreichen. Das Key West Information Center vermittelt rund 5000 Unterkünfte aller Preisklassen. Last-Minute-Deals vermittelt unter anderem die Agentur Vacation Key West.

Key West Information Center
Tel. 888 222 5590
www.keywestinfo.com

Agentur Vacation Key West
Tel. 305 295 9500
www.vacationkw.com

Avalon Bed and Breakfast

Kleines Hotel mit liebevoll eingerichteten Zimmern, kleinem Pool und äußerst freundlichem Service. Tolles Frühstück und zum Kaffee die denkbar leckersten Kuchen und Kekse, selbstverständlich handgemacht. Top Lage!

Avalon Bed and Breakfast
1317 Duval St
Tel. 305 294 8233

Chelsea House

Inmitten tropischer Pflanzen befindet sich dieses beliebte Hotel. Die Zimmer sind mediterran gestaltet und ausreichend groß. Ein hübscher Pool, nettes Personal und eine relaxte Atmosphäre sind weitere Pluspunkte.

Chelsea House
709 Truman Ave
Tel. 305 296 2211

Duval House

Das traditionsreiche Haus im viktorianischen Stil besticht durch eine 1-a-Lage und eine gelungene Mischung aus Korbmöbeln und schönen alten Möbeln. Das

Frühstück ist für amerikanische Verhältnisse vielfältig und kann im üppig mit Hibiskus bewachsenen Garten eingenommen werden. Eine coole Idee ist es, dass die Temperaturen der Wohnorte der Gäste jeden Morgen auf eine Tafel geschrieben und mit Key West verglichen werden. Überhaupt sind die Leute hier ausnehmend freundlich und hilfsbereit.

Duval House
815 Duval St
Tel. 305 294 1666

Island House – TIPP für Schwule

Eines der beliebtesten Gay-Resorts auf Key West. Neben einem großen Pool gibt es eine Sauna, Dampfbad, Jacuzzi, sogar ein „Spielzimmer" und einen Video-Bereich. Im Poolbereich ist FKK erlaubt, alles ist tip-top gepflegt und blitzsauber. Auch das Personal ist nett und diskret. Am Pool kann es abends etwas lauter werden, dann ist Partytime angesagt.

Insgesamt genießt man in dem Resort eine ungezwungene und niveauvolle Atmosphäre und im Vergleich zu den recht happigen Zimmerpreisen sind die Speisen und Drinks eher preisgünstig.

Island House
1129 Fleming St
Tel. 305 928 1984

Key Lime Inn

Endlich mal wieder Kaffee aus Porzellantassen mit echten Gabeln und Messern, wie gut das tut. Ein Frühstück mit Eiern, schinken- und käsegefüllten Croissants, Joghurt und allem, was das Herz begehrt. Das kleine, hübsche Hotel im Zentrum lässt keine Wünsche offen. Die Zimmer sind in schicken Bungalows untergebracht, die sich um einen großzügig angelegten, tropischen Garten reihen. Das Personal ist ssher freundlich und rund um die Uhr kann man sich in der Lobby kaltes Wasser, heißen Kaffee oder Tee holen. Beheizter Pool und gemütliche Liegen, was will man mehr?!

Key Lime Inn
725 Truman Ave
Tel. 305 294 5229

Key West Bed & Breakfast

Absoluter Geheimtipp für Backpacker, die auf Sauberkeit allergrößten Wert legen. Hier kann man sich bedenkenlos ein günstiges Zimmer mit WC auf dem Gang mieten, alles ist absolut sauber und gepflegt. Ebenfalls lobenswert: das reichhaltige Büfett, das wirklich untypisch viel bietet für eine solche Herberge und noch dazu in den Staaten ...

Auf die Gäste warten morgens frisch gebackener Kuchen, jede Menge frisches Obst und Bagels mit Marmelade oder Cremecheese. Das Personal ist in Sachen Freundlichkeit und Hilfsbereitschaft kaum zu toppen, nichts wie hin!

Key West Bed and Breakfast
415 William St
Tel. 330 406 853

Key West International Hostel

Das Hostel bietet mit Abstand die günstigste Übernachtungsmöglichkeit auf der ganzen Insel und absolut in Ordnung!

Key West International Hostel
718 South St
Tel. 305 296 5719
ab 34 US$/Bett

Marquesa Hotel – TIPP für Luxus-Liebhaber

2014 gelang dem Luxushotel ein Platz unter den 500 besten Hotels der Welt. Alles ist hier mit großer Liebe zum Detail entstanden. Der Mix aus gemütlichen Korbmöbeln und erlesenen Antiquitäten in dem traumhaften, im viktorianischen Stil erbauten Landhaus besticht durch zeitlose Eleganz. Erwähnenswert ist auch das besonders freundliche und perfekt geschulte Personal. 1-a-Lage und großartiges Restaurant!

Marquesa Hotel
600 Fleming St,
Tel. 305 292 1919

Ocean Key Resort & SPA

Große, mediterran gestaltete Zimmer, ein traumhafter, abends beleuchteter Pool und extrem freundliches Personal warten auf die Gäste dieser Edelherberge.

Berühmt ist die Hotelbar Sunset Pier, von der aus man eine tolle Sicht auf den für Key West so spektakulären Sonnenuntergang genießt. Wenn´s geht, ein Zimmer mit Meerblick buchen!

Ocean Key Resort & SPA
Zero Duval St
Tel. 305 296 7701

Santa Maria Suites

Die voll ausgestatteten Appartements sind sehr geräumig, sowohl was den Wohnbereich betrifft als auch die Badezimmer. Top-Lage, super hilfsbereites Personal und eine hübsche Poolanlage inmitten tropischer Pflanzen. Ein guter Mix aus moderner Ausstattung und familiärem Ambiente, hier gibt's rein gar nichts zu beanstanden.

Santa Maria Suites
1401 Simonton St
Tel. 844 331 7259

Southernmost Beach Resort – Direkt am Strand!

Das Southernmost ist nach wie vor eines der beliebtesten Hotels auf Key West, denn die Lage ist aufgrund des eigenen Strandzugangs und der Nähe zur Ausgehmeile nicht zu toppen. Versuchen Sie, ein Zimmer mit Meerblick zu bekommen, der Blick ist spektakulär! Im Garten kann man es sich in Hängematten gemütlich machen und Sportsfreunde freuen sich über ein lichtdurchflutetes Fitness-Center.

Southernmost Beach Resort
1319 Duval St
Tel. 800 354 4455

Sunset Key Cottages – TIPP für Urlauber mit Geld (und Lust, es auszugeben!)

Dieses Resort mit 40 Zimmern richtet sich mit seinen luxuriösen Strandhäusern und erstklassigen Annehmlichkeiten an anspruchsvolle Reisende. Es befindet sich auf Sunset Key, einer bewohnten Insel vor Key West, und gehört zum Westin Key West, mit dem es einige Einrichtungen wie das Fitnessstudio und die Restaurants teilt. Das Hotel selbst bietet eine ausgezeichnete Ausstattung, etwa einen schönen Pool, einen atemberaubenden Strand mit Palmen und klarem Wasser und ein komfortables Spa. Die Lage ist zwar idyllisch und exklusiv, aber für Reisende, die es nicht zu weit zu den Geschäften und Restaurants haben wollen, eher unpraktisch. (Das Hotel verfügt nur über ein eigenes Lokal.)

Sunset Key Cottages
245 Front St
Tel. 305 292 5300

The Gardens Hotel – TIPP für Verliebte!

Versteckt in einer ruhigen Seitenstraße unweit der Party-Straße Duval Street, befindet sich inmitten eines herrlichen, tropischen Gartens dieses Juwel von einem B&B-Hotel. Man muss Glück haben, um eines der 16 Zimmer zu ergattern, denn der Geheimtipp ist natürlich schon längst keiner mehr ... Die Gastgeber kümmern sich perfekt um ihre Gäste und auch das Frühstück lässt keine Wünsche offen. Ein bisschen fühlt man sich in diesem Ambiente wie ein kolonialer Großgrundbesitzer einer riesigen Südstaaten-Plan-

tage. Jeder wird dieses Hotel lieben, keine Frage. Außer Leute mit Katzenallergie, denn von den hübschen, kleinen Tigern gibt's hier jede Menge!

The Gardens Hotel
526 Angela St
Tel. 305 294 2661

Truman Hotel – TIPP für Reisende mit Kleinkindern

Das hübsche Boutique-Hotel befindet sich in bester Lage mitten in der Stadt und bietet geschmackvoll eingerichtete Zimmer und einen komplett eingezäunten, nachts in allen Farben schimmernden Pool, worüber sich Eltern von kleinen Nichtschwimmern besonders freuen dürften. Die Hotelangestellten haben das Herz am rechten Fleck. Einmal fiel ein Vogelbaby aus dem Nest, da mühte sich ein beleibter Angestellter eine schmale Leiter hoch hinauf auf eine Palme, um das Vögelchen wieder zu seiner Mama zu bringen. Das Frühstück bietet neben dem amerikanischen Standardprogramm (Bagel, Toast, Butter und Marmelade) obendrein Muffins und anderes süßes Gebäck.

Truman Hotel
611 Truman Ave
Tel. 305 296 6700

Waldorf Casa Marina

Schon aus historischen Gründen sollte man sich dieses traumhafte Hotel einmal anschauen. Es ist das älteste der gesamten Keys und wurde 1921 von dem Eisenbahnmogul Henry Flagler direkt am Strand erbaut. Dass es mittlerweile etwas in die Jahre gekommen ist, versteht sich von selbst. Gästen stehen gleich zwei Pools zur Verfügung und ein toller Fitness-Raum. Das Restaurant Sun Sun bietet traumhafte Speisen, und selbst wer nicht im Hotel residiert, sollte wenigstens einmal an einem Sonntag seinen Brunch hier eingenommen haben – ein Gaumentraum!

Waldorf Casa Marina
1500 Reynolds St
Tel. 305 296 3535

Paradisisch: die Anlage des Waldorf Casa Marina

ESSEN UND TRINKEN

Dass ein derart touristischer Ort wie Key West auch kulinarisch keine Wünsche offen lässt, versteht sich von selbst. Was immer der Gast sich gerade wünscht, egal ob raffinierte Crossover-Kreationen, vegetarische Köstlichkeiten, Slow- oder Fastfood oder einfach mal einen Burger für zwischendurch: Auf Key West kriegt man so ziemlich alles, was die internationale Küche zu bieten hat. Wer es beim Essen gerne ruhig hat, sollte sich das Restaurant seiner Wahl allerdings genau anschauen, denn in etlichen Lokalen und Kneipen wird Live-Musik geboten. Die ist zwar immer von bester Qualität, aber die Kombination von lauter Musik, Stimmungsmache und dem Genuss von gutem Essen ist eben nicht jedermanns Sache.

Angesichts der Lage bietet es sich natürlich an, sich im Restaurant einen Platz an vorderster Front mit Blick auf das Meer auszusuchen. Klar, dass man dieses Ansinnen mit unzähligen anderen Gästen teilt, deshalb sollte man sich beizeiten einen Tisch reservieren. Wer spontan auf die Idee kommt, bei untergehender Sonne ein romantisches Abendessen einzunehmen, hat meistens Pech und wird von den Tisch zuweisenden Kellnern gerne dazu aufgefordert, an der Bar Platz zu nehmen und sich inzwischen einen Aperitif zu genehmigen. Weil die glücklichen Gäste mit direktem Blick auf die See jedoch nicht daran denken, ihre begehrten Sitze wieder herzugeben, drinkt man dann einen Sundowner nach dem anderen, bis man schließlich mit dem Schankwirt Brüderschaft getrunken hat und inzwischen berechtigte Zweifel daran hat, ob man den Weg vom Barhocker zum Tisch noch einigermaßen unfallfrei auf die Reihe kriegt.

Siehe auch S. 87 "Kulinarische Besonderheiten der Region"

Alonzo's Oyster Bar
Happy-Hour-TIPP!

Seit Jahren beliebter Ort für Freunde frischer Meerestiere. Egal ob Hummer oder Austern, bei Alonzo schmeckt einfach alles. Angesichts der großen Portionen fällt es schwer, noch etwas Platz für die Nachspeise zu lassen – tun Sie es trotzdem! Denn heimlicher Star auf der Karte ist ein Kuchen, der so unverschämt lecker ist, dass man sich noch Jahre später sehnsüchtig an ihn zurück erinnert. Nein, der Key Lime Pie ist es nicht, sein Name (Achtung, man nimmt schon beim Lesen zu!): Chocolate Peanut Butter Cake – einfach nicht zu toppen ein echtes Kuchenwunder!

Alonzo's Oyster Bar
700 Front St
Tel. 305 294 5880

Banana Café

Der Name ist etwas irreführend, denn dieses „Café" ist ein großes, wunderbares Restaurant, in dem sich die Besucher mit köstlichen, französisch angehauchten Kreationen verwöhnen lassen. Obendrein ist dies der perfekte Ort für ein ausgiebiges Frühstück, das man von der Dachterrasse aus mit Blick auf die Duval Street genießt. Unbedingt versuchen: die Crêpes Gorgonzola.

Banana Café
1211 Duval St
Tel. 305 294 7227

Better Than Sex

Jede Sünde wert ist ein Besuch dieses Restaurants, das sich auf umwerfend gute Torten, Kuchen, Kekse und Desserts spezialisert hat. Seit der Eröffnung sind die Kritiken hymnisch. Unbedingt versuchen: die „Peanutbutter Perversion" oder den „Mounted Milkman" – am besten beides.

Better Than Sex
926 Simonton St
Tel. 305 296 8102

Bien

Ein Imbiss mit Kult-Status mit karibischem Flair, grandiosem Essen, üppigen Portionen und fairen Preisen.

Bien
1000 Eaton St
Tel. 305 517 6740

Blue heaven

Hier soll es nicht nur die besten Jakobsmuscheln, sondern auch den besten Key Lime Pie der Insel geben. Beides hat die Bewährungsprobe bestanden, wenngleich die Preise gesalzen sind. Man speist zu großartiger Livemusik in einem traumhaften Garten und genießt fangfrischen Fisch in immer neuen Variationen. Frühstückstipp: „Eggs Benedict with Lobster"

Blue heaven
729 Thomas St
Tel. 305 296 8666

Café Marquesa

Der perfekte Ort für ein „Dinner for two" ist das Café Marquesa in dem gleichnamigen Luxushotel. Hier gibt es einfach rein gar nichts zu meckern, sowohl die Qualität der Speisen wie des Services lassen keine Wünsche offen. Unbedingt probieren: die in Speck eingerollten Scampi, die Langusten und den überbackenen Hackbraten in Jim-Beam-Soße. Besser man reserviert vorher!

Café Marquesa
600 Fleming St
Tel. 305 292 1244

Spezialität auf Key West: der Key Lime Pie

Cuban Coffee Queen

Der Name ist Programm: Für Kaffeetrinker gibt es keinen besseren Ort. Am besten eignet sich das kultige Lokal zum Frühstücken und Brunchen oder für einen Snack zwischendurch. Die frisch zubereiteten Sandwiches sind köstlich, allen voran das Cuban Sandwich. Auch die Preise sind absolut in Ordnung.

Cuban Coffee Queen
284 Margaret St
Tel. 305 292 4747

Hog´s Breath Saloon

Die Surfer-Bar eignet sich perfekt für einen Snack zwischendurch. Der Renner sind die schmackhaften Burger und leckeren Sandwiches mit gegrilltem Fisch. Tolles Preis-Leistungs-Verhältnis!

Hog´s Breath Saloon
400 Front St
Tel. 305 296 4222

El Siboney

Endlich mal ein Lokal, in dem man sich für wenig Geld auf angenehmste Art und Weise richtig satt essen kann. Die Paella schmeckt ausgezeichnet und auch die typisch kubanischen Gerichte treffen den Geschmack der Gäste. Unbedingt die schwarzen Bohnen probieren!

El Siboney
900 Catherine St
Tel. 305 296 4184

Mangia Mangia – TIPP für Vegetarier!

Hier speist man gut und günstig Leckereien aus der italienischen Küche. Bei uns zuhause würde wohl kein normaler Mensch auf die Idee kommen, sich beim Italiener um die Ecke einen gebratenen Fisch zu bestellen. Hier in diesem Lokal ist dies allerdings absolut anzuraten. Mit seinen freundlichen Leuten ist das fast schon ein MUSS, denn hier schmeckt wirklich JEDE Zubereitungsart der frischen Meeresbewohner einfach köstlich. Achtung: riesige Portionen!

Mangia Mangia
900 Southard St
Tel. 305 294 246

Nine One Five

Ein bisschen vornehmer als sonst auf Key West geht es in dem Restaurant „Nine One Five" zu. Hier stimmt einfach alles: das wunderbare Essen, die adäquaten Preise, eine gute Weinkarte und eine professionelle und freundliche Bedienung. Verpassen Sie es nicht, den rohen Thunfisch zu kosten oder die handgemachten Hummer-Ravioli – ein Traum!

Nine One Five
915 Duval St
Tel. 305 296 0669

Pepe's Café

In dem ältesten Restaurant der Insel genießt man vornehmlich deftige amerikanische Küche. Die Burger und Steaks sind einfach perfekt und der Service top.

Pepe's Café
806 Caroline's St
Tel. 305 294 7192

Provisions of Key West

Ein Traum für Liebhaber der französischen Küche. Geboten werden daneben karibische und französische Crossover-Spezialitäten. Sagen Sie der Bedienung, dass Sie sich von der Küche überraschen lassen möchten, Sie werden es nicht bereuen. Das Personal ist unglaublich hilfsbereit, man bekommt dort jede Menge Tipps, was die Insel betrifft.

Provisions of Key West
1402 Vernon Ave
Tel. 305 433 1677

Santiago's Bodega

Wer spanisches Essen mag, wird diesen Laden lieben. Sämtliche Tapasgerichte, egal ob kalt oder warm serviert, schmecken einfach unglaublich lecker. Zum eisgekühlten Weißwein aus Südafrika genießt man beispielsweise Thunfisch, Ceviche, Chorizo, Gambas und die leckersten Datteln im Speckmantel, die man je probiert hat. Auch für Vegetarier sind einige Leckereien dabei!

Santiago's Bodega
207 Petronia Street #101
Tel. 305 296 7691

*In Santiago´s Bodega kann man Ceviche essen,
verschiedene rohe Fischsorten in Limettensaft mariniert*

The Cafe – TIPP für Veggies und Veganer

Für Vegetarier und Veganer ist dies eines der besten Restaurant der Insel das zudem viele glutenfreie Gerichte serviert. Man kann sich kaum entscheiden, so variantenreich und lecker präsentiert sich die Speisekarte, und auch die Auswahl an Biersorten kann sich sehen lassen. Unbedingt als Vorspeise einen der köstlichen Salate oder die Fries mit Trüffelöl, Pfeffer und Parmesan bestellen! Ausnehmend nettes Personal und gutes Preis-Leistungs-Verhältnis! NOCH ein Geheimtipp, aber sicher nicht mehr lange.

**The Cafe
509 Southard St
Tel. 305 296 5515**

BLOSS NICHT VERPASSEN!

Ausflug in den Dry Tortugas Nationalpark

Wer mehrere Tage auf Key West bleibt, sollte sich einen Tagesausflug mit der „Yankee Freedom" gönnen, um das alte Fort Jefferson im Dry Tortugas Nationalpark zu besichtigen oder in dem Naturschutzgebiet schnorcheln zu gehen. Gerade für Unterwasser-Freunde ist dieses Gebiet mit seinem paradiesischen Strand, den farbenfrohen Fischbeständen und den herrlichen Korallenriffen ein absolutes Highlight. Die 165 Dollars, die verlangt werden (übers Internet manchmal günstiger zu kriegen), hören sich erst mal happig an, doch inklusive im Preis sind ein umfangreiches Frühstück und ein Mittagessen, außerdem der Eintritt in das Fort aus dem Amerikanischen Bürgerkrieg, die Nutzung einer Schnorchelausrüstung und soviel Wasser und Kaffee, wie man vertragen kann.

Das historische Fort Jefferson ist ein beeindruckendes Monument amerikanischer Geschichte. Noch beeindruckender ist das monströse Gebäude aus der Luft, denn es wurde in der Form eines Sechsecks erbaut, was im mystischen Sinne per se etwas höchst Pantokratisches an sich hat. Für eine militärische Anlage also eine durchaus angemessene Bauweise, möchte man meinen. Dass diese Einrichtung niemals Feindkontakt hatte, war ein Glück für die Zivilisten, für die Moral der Soldaten, die hier am Ende der Welt stramm standen und jeden Tag mit ernster Miene salutierten, umgeben vom unendlich blauen Meer und vollkommen ihrer Funktion und ihrem Sinn beraubt. Eine Katastrophe für einen Soldaten! Und als ob dies nicht genug war, ausgerechnet dieses Niemandsland, dieses winzige Nichts von einem Land, 110 Kilometer entfernt vom nächsten Haus, die Insel so groß wie das Haus selbst und keinen Deut größer. Dazwischen die unendliche Weite des Meeres, das dort karibisch ist und die Wellen ohne große Turbulenzen jahrein, jahraus die gleichen Amplitu-

Fort Jefferson im Dry Tortugas National Park aus der Vogelperspektive

den schlagen. Ausgerechnet dorthin gelangte ein tödlicher Gelbfieber-Virus – vermutlich auf dem Rücken einer enorm ausdauernden Stechmücke – in die Trutzburg von einer Militärbasis. Zuerst einmal raffte er auf einen Streich die komplette medizinische Besatzung dahin. Noch bevor es den ersten Soldaten erwischte. Keine leichte Situation und ebenfalls nicht moralfördernd für eine gesunde Truppe noch ziemlich junger Menschen. Und nun? Da fiel jemandem ein, dass unten im Verließ einer der Gefangenen wohl Arzt sei, ein Sträfling aus politischen Gründen, der dem Lincoln-Attentäter Booth das bei der Flucht nach dem Attentat gebrochene Bein geschient hatte und ihm durch einen Schreiner Krücken zum Gehen hatte zukommen lassen. Dies war der späteren Untersuchungskommission offenbar Grund genug, den Arzt aus Leidenschaft unter Anklage zu stellen. In Ermangelung anderer medizinisch versierter Personen wurde also der vermutlich zu Unrecht der Mitverschwörung zu dem Attentat und wegen Landesverrates Angeklagte und übrigens dank einer Stimme an der Todesstrafe vorbei geschrammte Häftling nun nach oben ans Tageslicht geführt und zum Gefängnisarzt ernannt. Gleichzeitig zum medizinischen Direktor der Krankenstation und zum Weisungsbefugten über das gesamte medizinische Personal. Tatsächlich gelang es dem zu lebenslanger Haft verurteilte Arzt, die Epidemie in Schach zu halten und schließlich zurück zu drängen. Der Lohn für seine hervorragende Arbeit war schließlich seine Begnadigung, die aus ihm – einem glühenden Verfechter der Sklavenarbeit – schließlich wieder einen freien Mann machte. Ironie des Schicksals, dass er mit 49 Jahren an einer Lungenentzündung starb.

Übrigens: Die Besichtigungs-Tour ist wirklich spannend und die Zeitreise durch die Geschichte vergeht wie im Fluge.

Dry Tortugas Nationalpark
Lands End Marina
Tel. 800 634 0939

Boots-Ausflug um Haie zu beobachten – TIPP für Kids

Vor allem Kinder dürfte dieser Ausflug begeistern. Auf hoher See werden Köder ins Wasser gelassen und im Nu kämpfen riesige Haie um die Beute. Der Guide zieht dabei die Leine immer wieder ein Stückchen nach oben, so dass die Mäuler der beeindruckenden Tiere aus dem Wasser ragen und man deutlich ihre scharfen Zähne aus nächster Nähe sehen kann. Die beiden Hai-Experten, die diese Tour anbieten (Vater und Sohn) sind äußerst sympathisch und kenntnisreich und man merkt ihnen an, wie sehr ihnen die Unterwasserwelt am Herzen liegt. Obwohl sie die Tour sicherlich jeden Tag machen, ist ihre Begeisterung echt, wenn Schildkröten oder Delfine in der Nähe des Bootes auftauchen.

Eine tolle Tour – unbedingt zu empfehlen!

Key West Extreme
Adventures Shark Tours
245 Front St
Tel. 305 508 1951

Originelle Bar am Mallory Square

Den Sonnenuntergang am Mallory Square genießen

Jeden Abend versammeln sich massenweise Touristen, um am Mallory Square gemeinsam den Sonnenuntergang zu zelebrieren. Dabei verwandelt sich die ganze Promenade in einen riesigen Rummelplatz, auf dem sich nicht nur tolle Musiker, sondern auch Gaukler, Wahrsager und viele weitere Künstler tummeln. Dazwischen drängen sich Essens-Stände Verkäufer von Schmuck und Kunsthandwerk und originelle Cocktail-Mixer. Man sollte dieses Spektakel einmal erlebt haben. Vor allem für Hobbyfotografen ist dieses Event unverzichtbar, denn nirgends färbt sich der Himmel vor dem Sonnenuntergang farbenprächtiger als hier.

Higgs Beach

Entspannung pur bietet der traumhafte Strand Higgs Beach. Vom Pier aus hat man ein imposantes Panorama.

Key Lime Pie essen

So lecker können Vitamine sein! Nicht zu glauben! Ärzte und Apotheker raten ausdrücklich, sich jeden Tag ein besonders großes Stück dieser Kuchen-Köstlichkeit einzuverleiben. Außerdem gibt es den Key Lime Pie wirklich nur hier, denn die besonders aromatischen Limetten, die für den legendären Kuchen verwendet werden, gibt es nur auf Key West.

SHOPPING

Und wieder ist es die Duval Street, die auch für Einkäufer die wichtigste Meile der Stadt ist. Ganz sicher gibt es NICHTS, was es NICHT gibt. Von handgerollten Zigarren über Silberschmuck und Schiffsfunden, über herrliche Muscheln, handgemachte Seifen und handgeschöpftes Büttenpapier, die mit Sicherheit größte Dichte an Headshops, Fun-T-Shirts und Bikini-Läden der Staaten. Obendrein eine Ansammlung exklusiver Galerien, die zu besuchen schon fast den Museums-Besuch ersetzen, so beeindruckend und außergewöhnlich sind die Werke der ortsansässigen Künstler, die aus aller Herren Länder kommen. Selbst für Leute, die schon alles haben, findet sich auf der Duval ein Mitbringsel und sei es ein ganz persönliches Hundehalsband mit den aufgestickten Initialen seines Besitzers oder wunderschöne, steinerne Flaschen-Behältnisse mit Schankhahn für die Kellerbar zuhause oder einfach zum Angeben für zwischendurch. Und schließlich ein ganz besonderes Fotolabor, das von zahlungsfreudigen Modellen Miniatur-Statuen in 3-D anfertigt, damit man sich selbst zuhause im Regal aufstellen kann oder um die Reaktion der Besucher zu testen, wie sie denn den dekorativen, brandneuen Briefbeschwerer finden, den man gerade aus Florida mitgebracht hat.

„Himmel, was hast denn du da für eine hässliche, kleine ... ach ne, das bist ja du. ... sorry, hab ich nicht genau hingeschaut, aus nächster Nähe gar nicht mehr so hässlich, ach guck mal wie niedlich! ..."

Zum Glück gibt es für solche Momente im Leben noch andere, kostbare Mitbringsel in Form von handgerollten Zigarren und Inselbier, das eigentlich nicht zum Verkauf außerhalb der Key Wests zugelassen ist und nun doch unbeschadet eine derart lange Reise überstanden hat. Die Frage lautet nun, wie lange die Konsumenten dieser Köstlichkeit unbeschadet bleiben und ob die Reise in die Welt der Sturköpfigen und Kauzigen vielleicht doch ein wenig abgefärbt haben mag.

Na hoffentlich! Ein Prost auf die

Natürlich findet man in jedem Souvenir-Shop die Conch – Key West´s Wahrzeichen

Duval-Street, deren Verkäufer sogar noch Schmuggel-Tipps parat hatten und einen Korkenzieher mit einer barbusigen Meerjungfrau als Geschenk dazu gelegt haben.

Auch nett: Der Verkäufer von temporären Tattoos, der ehrlich erstaunt ausgerufen hat: „Waaaaas, Ihr habt 40 Dollars für diese Scheiß-Rose bezahlt. Na warte, ich mache euch dafür gleich zwei wunderschöne Rosen. Und wisst ihr, was das kostet? Nix! Ätschibätsch, das hat der andere davon!" ...

Die Leute ticken hier anders!

Souvenir-Tipp

Ein beliebtes Mitbringsel aus Key West ist die Guayabera, ein traditionelles kubanisches Hemd, das sich auch bei großer Hitze sehr angenehm tragen lässt. Eine der besten Adressen für den Erwerb dieser weißen Leinenhemden ist der Andenkenladen des Restaurants El Meson de Pepe.

El Meson de Pepe
410 Wall St
Tel. 305 295 2620

EIN PAAR AUSSER-GEWÖHNLICHE LÄDEN

3D mini me

Das Fotogeschäft, in dem man sich eine Mini-Statue von sich selbst anfertigen lassen kann.

3D mini me
291 Front St

Emerald´s International

Wenigstens reinschauen sollte man einmal in dieses exklusive Geschäft und sei es nur aus Freude daran, die Professionalität in Sachen Dienstleistung beobachten zu dürfen oder überhaupt mal wieder zu erleben, was Dienstleistung at its best sein kann.

Die oft mühevoll, handgemachten Schmuckstücke sind natürlich der eigentliche Grund für einen Besuch, aber solche Dinge lässt man sich lieber irgendwann schenken. Das ist mit Sicherheit besser, als das gesamte Wochenbudget für die Reise plötzlich am kleinen Finger zu tragen.

Emerald´s International
104 Duval St
Tel. 305 294 2060

Isle Cook Key West

Die Inhaberin bietet Kochkurse an und Abende, an denen gemeinsam gekocht, Wein verkostet und gegessen wird. Feinschmecker sind begeistert!

Isle Cook Key West
218 Whitehead St, Unit 6
Tel. 305 741 7443

Key West Aloe

Hier dreht sich alles um die Aloe Vera Pflanze, welche schon Christoph Kolumbus immer auf seinen Reisen dabei hatte, um mit ihrem Heilsaft schnell mal eine kleine Verletzung zu lindern und den Selbstheilungsprozess zu unterstützen. Sehr schöne, wohlriechende Kosmetikprodukte. Hier kann man auch sofort erschnuppern, warum das Aroma der auf den Keys wachsenden Limetten als so etwas Besonderes dargestellt wird.

Key West Aloe
1075 Duval St
Tel. 305 517 6365

Peppers of Key West

Was für ein toller Laden und was für noch tollere, scharfe Saucen in einer schier unendlichen Auswahl! Wer scharfes Essen liebt, muss sich das unbedingt anschauen!

Peppers of Key West
602 Greene St
Tel. 305 295 9333

Rodriguez Cigar Factory

Jeder Zigarrenliebhaber, der schon einmal in Key West eingekauft hat, kennt Danny, den Besitzer dieses tollen Zigarren-Ladens. Und kommt mit Sicherheit wieder, denn sein Fachwissen und die Art und Weise, wie er mit seinen oft langjährigen Kunden umgeht, sind einfach nachahmenswert!

Rodriguez Cigar Factory
113 Fitzpatrick St
Tel. 305 296 0167

GALERIEN

Dass es jede Menge Künstler auf diese Insel gezogen hat, merkt man schon beim ersten Spaziergang durch die belebte Einkaufsstraße. Kunst ist praktisch überall zu finden, sei es an der Strandpromenade, wo buntes Kunsthandwerk feilgeboten wird, oder in den teuren Galerien in der Duval Street. Ausgefallen und bunt, schillernd und avantgardistisch sind die Kunstgegenstände der Insel und man bedauert, nicht einen großen, leeren Koffer und mindestens ein Monatseinkommen dabei zu haben, um einige dieser Schätze mit nachhause zu nehmen. Wer ein Mitbringsel sucht, wird hier ganz sicherlich fündig. Besonders aktuell ist die Outdoor-Kunst, meist Gemälde oder Statuen aus oder hinter Plexiglas, die man zuhause an die Hauswände hängen kann. Im folgenden erfahren Sie die schönsten Ausstellungsräume der Stadt:

Millionaire Gallery

Auch Nicht-Millionäre und deren Moneten sind herzlich willkommen. Besonders aktuell sind kunstvoll verzierte Gitarren, Gemälde und Fotografien von Marvel-Figuren und Superhelden aller Art. Wie der Name schon sagt, nicht gerade günstig, aber schon allein das Betrachten der Kunstwerke ist ein Genuss.

Millionaire Gallery Key West
608 Duval Street
www.millionairegallery.com

Einblick in die Millionaire Gallery

Der Renner auf Key West: Outdoor-Kunst

Guild Hall Gallery

Eine tolle Idee: 21 Künstler teilen sich einen Ausstellungsraum und schieben abwechselnd Dienst an der Kasse. Das Ergebnis ist ein Potpourri der unterschiedlichsten Kunststile. So stehen auch 21 artists, 21 flavours auf der Karte – das Ergebnis ist ein Mix aus den unterschiedlichsten Kunststilen. Hier dürfte wirklich für jeden Kunstliebhaber etwas dabei sein.

Guild Hall Gallery
614 Duval St
GuildHallGallerykw.com

EVENTS

Januar

Quantum Key West Race Week

Segelfans dürfen sich freuen, denn im Januar treten auf Key West die besten Segelteams der Welt gegeneinander an. Besucher genießen den Wettkampf von Zuschauerbooten aus oder sitzen auf einer der Restaurant-Terrassen mit Blick auf den Atlantik.

Key West Master Chefs Classic

Jedes Jahr Ende Januar brutzeln, braten und schmoren die Chefköche von Key West um die Wette. Gesucht wird die beste kulinarische Kreation des Jahres. Klar dürfen die Zuschauer probieren! Tickets gibt es hier:

keystix-ticketforce.com

Februar

Winter Star Party – Lower Florida Keys

Die Florida Keys bieten aufgrund ihrer günstigen geographischen Lage die idealen Bedingungen zum Beobachten von Sternhaufen, Nebel und Galaxien. Obendrein ermöglicht die Abgeschiedenheit des Veranstaltungsortes auf Scout Key absolute Dunkelheit, was das Sternegucken noch spannender macht. Kein Wunder, dass Astronomen und Sternegucker aus dem ganzen Land zu diesem Event anreisen. Rund ums Sternegucken organisiert Miamis Southern Cross Astronomical Society etliche Vorträge und einen Fotowettbewerb zum Thema.

März

Easter-Egg-Hunt-Dive – Key Largo

„Ja ist denn heut schon Ostern?", fragen die Leute, sobald sie Captain Slate im weißen Bunny-Kostüm begegnen, der mit unzähligen bunten Eiern Richtung Boot unterwegs ist. Er hat es eilig, denn die Verstecke für das diesjährige Ostereier-Suchen auf dem Meeresgrund wollen sorgsam gewählt werden. Und wie es aussieht, haben sich wieder ein paar Taucher mehr für dieses originelle Spektakel angemeldet. Christlich ist die Teilnahme-Gebühr von 85 Dollars auf den ersten Blick nicht, auf den zweiten aber doch, denn die kompletten Einnahmen gehen zugunsten bedürftiger Kinder.

Key West Conch Shell Blowing Contest – Trompete kann jeder!

Das ist mal eine witzige Veranstaltung. Der Muschelblas-Wettbewerb existiert jetzt schon mehr als 50 Jahre und jedes Jahr steigen die Besucherzahlen. Sieger des Contests ist, wer der Meeresschnecken-Muschel den harmonischsten, längsten, ungewöhnlichsten oder einfach nur lautesten Ton entlockt. Das Blasen auf der Muschel hat übrigens Tradition: Es diente in früheren Zeiten als Kommunikationsmittel unter Seeleuten.

Super Sand Blast am Strand von Miami Beach

Am Ocean Drive, zwischen der 9th und 10th Straße, findet alljährlich der so genannte „Super Sand Blast" statt. Gekürt werden die schönsten Sandburgen, dazu gibt´s Live-Musik, leckeres Essen und ein Unterhaltungs-Programm für die Kinder.

April

Seven Mile Bridge Run

Wenn schon freiwillig joggen, dann doch wohl hier! Viele Teilnehmer des Rennens berichten, es habe sich angefühlt wie Schweben, als sie dem schier unendlichen Horizont aus Blau und Türkis entgegen gelaufen sind. Das Besondere an dieser Strecke ist eben, dass man vom Start bis zum Ende von Wasser umgeben ist. Die Veranstaltung ist derart beliebt, dass die meisten Interessenten eine Absage erhalten, weil nach der 1500sten Bewerbung niemand mehr zugelassen wird.

Florida Keys Island Fest

Dieses Inselfest findet auf Islamorada statt und ähnelt einem deutschen, kleinstädtischen Bürgerfest. Neben einem Kochwettbewerb gibt es etliche Künstler, Musiker und Artisten, die ihr

Können zur Schau stellen. Und wie sollte es anders sein auf einer Insel, die sich dem Brauen von Bier verschrieben hat: Der Gerstensaft fließt natürlich in Strömen; bei den warmen Temperaturen sollte man sich unbedingt eine ordentliche Unterlage schaffen, damit das Fest nach dem zweiten Bierchen nicht vorzeitig endet. Tolle Stimmung!

Conch Republic Independent Celebration

Jedes Jahr im April feiern die Insulaner das Bestehen ihrer „Conch Republic", die im Jahre 1982 gegründet wurde.
Highlight der Feierlichkeiten ist ein Schaulaufen der Drag-Queens.

Juni

Key West

DAS Fest der Schwulen und Lesben in Florida. Bei dem Straßenfest dürfen aufwendige Drag-Shows natürlich nicht fehlen. Legendär sind die Pool-Partys!

Juli

Hemingway Days Festival

Klar, dass um den berühmtesten Bürger von Key West ein riesiger Kult veranstaltet wird. Rund um seinen Geburtstag am 21. Juli wird auf der Insel ordentlich gefeiert. Höhepunkt ist ein Look-Alike-Contest, beim dem Dutzende von älteren Herren darum konkurrieren, dem berühmten Schriftsteller am ähnlichsten zu sehen. Ein echt witziges Doppelgänger-Spektakel!

Oktober

Halloween auf Key West

Klar, wir sind in den Staaten, da gehört an Halloween der Besuch einer Kostümparty zum Pflichtprogramm. Bedenken Sie vor dem Kostümieren, dass man die Sache mit dem Gruseln hier sehr ernst nimmt. Fehlender Mut zur Hässlichkeit ist da Fehl am Platze. Je echter der Verkehrsunfall rüberkommt, der Sie gerade ins Reich der Untoten und Dämonen katapultiert hat, je realistischer das kaputte Auge aus

Bei der BubbaFest Bike Tour kann man die Keys vom Fahrrad aus erkunden

seiner Höhle heraushängt und je zäher das Blut Ihnen aus der eitrigen Wunde sickert, desto ... naja, Sie sind auf dem richtigen Weg! Zu späterer Stunde dürften Sie sich nicht wundern, wenn Saelma Hayek mit einer Schlange um den Hals plötzlich vor Ihnen steht.

Underwater Pumpkin Carving Contest – TIPP für Taucher!

Na wenn das mal nicht eine richtig witzige Idee ist: Jedes Jahr an Halloween findet auf Key West der Unterwasser-Kürbisschnitz-Wettbewerb statt. Versuchen SIE mal, in so einen runden, ausgehöhlten, schwimmfähigen Kürbis unter Wasser mit dem Messer ein Gesicht zu schnitzen, das ist gar nicht so einfach. Veranstaltet wird das außergewöhnliche Event vom Amy Slate's Amoray Dive Resort. Es empfiehlt sich eine rechtzeitige Anmeldung, die Plätze sind begehrt und die Teilnehmerzahl begrenzt.

Oktober/November

BubbaFest Bike Tour

Im Rahmen der „BubbaFest Bike Tour" bietet sich Freizeitradlern die Möglichkeit, die Inselkette der Florida Keys vom Sattel aus kennen zu lernen. Herrliche Temperaturen, schnurgerade Strecken mit spektakulären Ausblicken auf das offene Meer und die Einfahrt am „Southernmost Point" in Key West, dem südlichsten Punkt der kontinentalen Vereinigten Staaten, machen den Ausflug zu einem unvergesslichen Erlebnis.

KLEINER SPRACHFÜHRER – ENGLISCH

Hier einige Beispiele zur englischen Aussprache:

Lautschrift	Engl. Wort	Aussprache Deutsch
[æ]	cat (AE)	Kätzchen
[ɑː]	arm	lahm
[ʌ]	come	Kamm
[ʌɪ]	my	Mai
[ɔː]	talk	Talkshow
[aʊ]	now	schlau
[dʒ]	jungle	Dschungel
[ʒ]	treasure	stimmhaftes 'sch'
[ɛː]	fair	mehr
[əː]	her	Gehör
[ʌɪə]	fire	Schleier
[ɔɪ]	toy	Steuer
[iː]	beast	Biest
[j]	young	jung
[ʊə]	poor	Tour
[aʊə]	sour	sauer
[ʃ]	shake	schütteln
[tʃ]	Dutch	Tscheche
[θ]	think	gelispeltes 's' (klingt wie 'f')
[ð]	this	stimmhaftes 'd'
[uː]	too	Tuba
[w]	work	stimmhaftes 'w' (wie 'u' vor 'w')
[z]	zoo	suchen

Das Wichtigste auf einen Blick

Ja	yes
Nein	no
Vielleicht	maybe
Bitte	please
Danke	thank you
Entschuldigung	excuse me
groß	big
klein	small
gut	good
schlecht	bad
billig	cheap
teuer	expensive
mehr	more
weniger	fewer, less
mit	with
ohne	without
Sprechen Sie Deutsch?	Do you speak German?
offen	open
geschlossen	closed
Frau	mrs., woman
Herr, Mann	mister, sir, man
Kind	child
Ich verstehe nicht.	I do not understand.
Wie bitte?	Pardon?
verboten	forbidden
Hilfe!	Help!
Achtung!	Attention!

KLEINER SPRACHFÜHRER – ENGLISCH

Begrüßung und Small Talk

Guten Morgen!	Good morning!
Guten Abend!	Good evening!
Gute Nacht!	Good night!
Hallo!	Hello!
Auf Wiedersehen!	Goodbye!
Tschüss!	Bye!
Ich heiße ...	My name is ...
Wie heißen Sie?	What's your name?
Wie heißt Du?	What's your name?
Woher kommst du?	Where are you from?
Ich komme aus ...	I'm from ...
Wie geht's?	How are you?
Sehr gut, danke!	Very good thank you!

Fragen und Antworten

Gibt es ...?	Is there ...?
Wieviel kostet es?	How much does it cost?
Wissen Sie ...?	You know ...?
Ich weiß nicht.	I do not know.
Haben Sie ...?	Do you have ...?
Ich möchte ...	I would like ...
Kann/darf man ...?	Can/can one ...?
Wo ist/sind ...?	Where is/are ...?
Wann?	When?
Wie viel Uhr ist es?	What time is it?
Es ist drei Uhr.	It is three o'clock.
Darf ich hier fotografieren?	May I take a picture here?

Zeiten	times
Morgen	morning
Mittag/Nachmittag	noon/afternoon
Abend/Nacht	evening/night
heute	today
morgen	tomorrow
gestern	yesterday
übermorgen	day after tomorrow
vorgestern	day before yesterday
Tag	day
täglich	daily
Woche	week
Monat	month
Jahr	year
Minute	minute
Stunde	hour
stündlich	hourly

Wochentage	los días de semana
Montag	monday
Dienstag	tuesday
Mittwoch	wednesday
Donnerstag	thursday
Freitag	friday
Samstag	saturday
Sonntag	sunday
Werktage (Mo-Sa)	working days
Feiertag	holiday

KLEINER SPRACHFÜHRER – ENGLISCH

Jahreszeiten	seasons
Frühling	spring
Sommer	summer
Herbst	autumn
Winter	winter

Monate	months
Januar	january
Februar	february
März	march
April	april
Mai	may
Juni	juny
Juli	july
August	august
September	september
Oktober	october
November	november
Dezember	december

Banken und Geld	banks and money
Bank	bank
Geldautomat	cash machine
bar bezahlen	pay cash
mit Kreditkarte	with credit card
Banknote	bill
Münze	coin

Unterwegs	on the way
Eingang	entrance
Ausgang	exit
Toiletten	toilets
links	left
rechts	right
geradeaus	straight
Abfahrt	departure
Ankunft	arrival
Bus	bus
Bushaltestelle	bus stop
Fahrschein	Ticket
Taxi	taxi
Taxistand	taxi stand
Zug	train
Gleis	track
Bahnhof	train station
Hafen	port, harbor
Flughafen	airport
Auto	car
Parkplatz	parking
Tankstelle	gas station
Benzin	petrol
Diesel	diesel
Werkstatt	workshop
Panne	breakdown
Fahrrad	bicycle
Ich möchte ... mieten.	I want to rent ...

KLEINER SPRACHFÜHRER – ENGLISCH

Essen und Trinken	food and drink
Flasche	bottle
Glas	glass
Messer	knife
Gabel	fork
Löffel	spoon
Salz	salt
Pfeffer	pepper
Zucker	sugar
Essig	vinegar
Öl	oil
Wasser	water
mit/ohne Kohlensäure	with/without carbonic acid
mit/ohne Eis	with/without ice
Ich möchte zahlen, bitte.	I would like to pay please.
Rechnung	bill

Einkaufen	shopping
Apotheke	pharmacy
Drogerie	drugstore
Bäckerei	bakery
Markt	market
Einkaufszentrum	shopping mall
Supermarkt	supermarket
Gramm	gram
Kilo	kilo
Preis	price

Zahlen	numbers
0	zero
1	one
2	two
3	three
4	four
5	five
6	six
7	seven
8	eight
9	nine
10	ten
11	eleven
12	twelve
13	thirteen
14	fourteen
15	fiveteen
16	sixteen
17	seventeen
18	eighteen
19	nineteen
20	twenty
30	thirty
40	fourty
50	fifty
60	sixty
70	seventy
80	eighty
90	ninety
100	hundred

KLEINER SPRACHFÜHRER – SPANISCH

Da in Miami mehr Cubaner als Amerikaner leben, finden Sie hier die wichtigsten Wörter, Fragen und Antworten auf Spanisch.

Aussprache:

Ein Wort, das auf einen Vokal, n oder s endet, wird auf der vorletzten Silbe betont. Endet ein Wort mit einem Konsonanten, liegt die Betonung auf der letzten Silbe. Ausnahmen werden mit einem Akzent gekennzeichnet.
Die meisten Buchstaben werden auf Spanisch ähnlich wie im Deutschen ausgesprochen.
Bei ei und eu werden die Buchstaben einzeln gesprochen.

Weitere Regeln zur Aussprache:

Aussprache	
c	vor a, o, u wie k
	vor e, i wie englisches "th": cero= thero
ch	"Tsch": mucho= mutscho
g	vor a,o,u wie "g"
	vor e und i wie "ch" wie in "Ach"
h	stumm: helado= elado
j	"ch" rojo= rocho
ll	"j": Calle= caje, manchmal wie "lj"
ñ	"nj": año= anjo
qu	"k": queso= keso
v	"b": vaso= baso, "w": vino= wino
y	"j": yo= jo
z	englisches "th": zona= thona

Das Wichtigste auf einen Blick

Ja	sí
Nein	no
Vielleicht	tal vez
Bitte	por favor
Danke	gracias
Entschuldigung	excusa
groß	gran
klein	pequeño
gut	bueno
schlecht	malo
billig	barato
teuer	caro
mehr	más
weniger	menos
mit	con
ohne	sin
Sprechen Sie Deutsch (Englisch)?	¿Hablas alemán (inglés)?
offen	abierto
geschlossen	cerrado
Frau	señora
Herr	señor
Kind	niño
Ich verstehe nicht.	No entiendo.
Wie bitte?	¿Cómo por favor?
verboten	prohibido
Hilfe!	Ayuda!
Achtung!	¡Precaución!

KLEINER SPRACHFÜHRER – SPANISCH

Begrüßung und Small Talk

Guten Morgen!	¡Buenos días!
Guten Tag!	¡Buen día!
Guten Abend!	Buenas noches!
Hallo!	¡Hola!
Auf Wiedersehen!	¡Adios!
Tschüss!	chau!
Ich heiße ...	Mi nombre es ...
Wie heißen Sie?	¿Cuál es tu nombre?
Wie heißt Du?	¿Cuál es tu nombre?
Woher kommst du?	¿De dónde eres?
Ich komme aus ...	Soy de ...
Wie geht's?	¿Cómo estás?
Sehr gut, danke!	Muy bien, gracias!

Fragen und Antworten

Gibt es ...?	¿Hay ...?
Wieviel kostet es?	¿Cuánto cuesta?
Wissen Sie ...?	¿Sabes ...?
Ich weiß nicht.	No lo se.
Haben Sie ...?	¿Tienes ...?
Ich möchte ...	Quiero ...
Kann/darf man ...?	¿Puedo uno ...?
Wo ist/sind ...?	¿Dónde está/son ...?
Wann?	¿Cuándo?
Wie viel Uhr ist es?	¿Qué hora es?
Es ist drei Uhr.	Son las tres en punto.
Darf ich hier fotografieren?	¿Puedo tomar fotos?

Zeiten	tiempos
Morgen	mañana
Mittag/Nachmittag	tarde
Abend/Nacht	noche
heute	hoy
morgen	mañana
gestern	ayer
übermorgen	pasado mañana
vorgestern	anteayer
Tag	día
täglich	diario
Woche	semana
Monat	mes
Jahr	año
Minute	minuto
Stunde	hora
stündlich	cada hora

Wochentage	los días de semana
Montag	lunes
Dienstag	martes
Mittwoch	miércoles
Donnerstag	jueves
Freitag	viernes
Samstag	sábado
Sonntag	domingo
Werktage (Mo-Sa)	días hábiles
Feiertag	fiesta

KLEINER SPRACHFÜHRER – SPANISCH

Jahreszeiten	estaciones
Frühling	primavera
Sommer	verano
Herbst	otoño
Winter	invierno

Monate	meses
Januar	enero
Februar	febrero
März	marzo
April	abril
Mai	mayo
Juni	junio
Juli	julio
August	agosto
September	septiembre
Oktober	octubre
November	noviembre
Dezember	diciembre

Banken und Geld	bancos y dinero
Bank	banco
Geldautomat	cajero automático
bar bezahlen	pagar en efectivo
mit Kreditkarte	con tarjeta de credito
Banknote	proyecto de ley
Münze	moneda

Unterwegs	en el camino
Eingang	entrada
Ausgang	salida
Toiletten	inodoro
links	izquierda
rechts	derecho
geradeaus	directamente
Abfahrt	salida
Ankunft	llegada
Bus	autobús
Bushaltestelle	Parada de autobús
Fahrschein	billete
Taxi	taxi
Taxistand	sitio de taxis
Zug	tren
Gleis	pista
Bahnhof	estación de tren
Hafen	puerto
Flughafen	aeropuerto
Auto	coche
Parkplatz	estacionamiento
Tankstelle	gasolinera
Benzin	gasolina
Diesel	diesel
Werkstatt	taller
Panne	desglose
Fahrrad	bicicleta
Ich möchte ... mieten.	Quiero alquilar ...

KLEINER SPRACHFÜHRER – SPANISCH

Essen und Trinken	comida y beber
Flasche	botella
Glas	vidrio
Messer	cuchillo
Gabel	tenedor
Löffel	cuchara
Salz	sal
Pfeffer	pimienta
Zucker	azúcar
Essig	vinagre
Öl	aceite
Wasser	agua
mit/ohne Kohlensäure	con/sin ácido carbónico
mit/ohne Eis	con/sin hielo
Ich möchte zahlen, bitte.	Quiero pagar, por favor.
Rechnung	factura

Einkaufen	compras
Apotheke	farmacia
Drogerie	droguería
Bäckerei	panadería
Markt	mercado
Einkaufszentrum	centro comercial
Supermarkt	supermercado
Gramm	gramo
Kilo	kilo
Preis	precio

Zahlen	números
0	cero
1	uno/una
2	dos
3	tres
4	cuatro
5	cinco
6	seis
7	siete
8	ocho
9	nueve
10	diez
11	once
12	doce
13	trece
14	catorce
15	quince
16	dieciséis
17	diecisiete
18	dieciocho
19	diecinueve
20	veinte
30	treinta
40	cuarenta
50	cincuenta
60	sesenta
70	setenta
80	ochenta
90	noventa
100	cien

Register